일본 속
한민족의
흔적

일본 속
한민족의 흔적

펴낸날   초판 1쇄 2019년 2월 1일

지은이   배선표
펴낸이   서용순
펴낸곳   이지출판

출판등록 1997년 9월 10일 제300-2005-156호
주 소   03131 서울시 종로구 율곡로6길 36 월드오피스텔 903호
대표전화 02-743-7661 팩스 02-743-7621
이메일   easy7661@naver.com
디자인   박성현
인 쇄   (주)꽃피는청춘

ⓒ 2019 배선표

값 17,000원

ISBN 979-11-5555-101-1 03910

이 도서의 국립중앙도서관 출판시도서목록(CIP)은 e-CIP홈페이지(http://www.nl.go.kr/ecip)와
국가자료공동목록시스템(http://www.nl.go.kr/kolisnet)에서 이용하실 수 있습니다.(CIP제어번호: CIP2019002120)

일본 속
한민족의
흔적

10년 간의 현장 답사
한민족이 일본땅에 적셔 놓은 흔적들을
기록한 역사적 실증 자료

배선표(明倫少老)

이지출판

먼저《일본 속 한민족의 흔적》책 발간을 축하한다. 저자 배선표 교수는 1993년 12월말 감사원을 정년퇴직한 후 다음 해부터 경복대학 강단에서 '일본어 대화와 문화'를 가르쳤다. 그러면서 매년 일본으로 건너가 '한민족의 흔적'이 남아 있는 곳을 직접 찾아다니며 숨어 있는 자료를 찾아내었다. 이 책은 그렇게 모아 놓은 하나의 역사적 실증자료라고 할 수 있다.

최근 여러 정치적 여건에 따라 한국과 일본 간의 역사적 사실이 왜곡되고, 세월이 흐르면서 유물이나 유적은 풍화되어 한민족의 흔적은 나날이 지워져 없어지고 있다. 앞으로도 계속 일본 측에서 보아 좋지 않은 역사적 흔적은 남기려 하지 않을 것이다. 이러한 때 한민족이 남긴 것을 확실하게 보존하기 위한 노력은 같은 민족으로서 성원을 보내야 하지 않을까 하는 마음에서 추천의 글을 쓰게 되었다.

우리나라와 일본은 지정학적으로 동해를 사이에 두고 떼어 버릴 수 없는 이웃 나라다. 전해 오는 고사(故事)에 '승즉군왕(勝則君王)이요 패즉역적(敗則逆賊)'이라고 했다. 즉 싸움에 이기면 임금이 되고, 싸움에 지면 역적이 된다는 말이다. 이 이야기와 같이 나라의 권력이 바뀔 때마다 싸움에 진 패자는 삼족을 없애는 처참한 극형을 피하여 그때마다 동북아 중국 대륙으로부터 동쪽으로 민족 이동이 시작되었고, 한반도에서도 국내 정치적 세력

쟁탈에 따른 위란(危亂)을 피하기 위하여 인접 국가로의 민족 이동은 불가피하였다. 그뿐만 아니라 어떤 사유로든 일본 땅으로 건너가게 된 한민족 또한 적지 않을 것이다.

우리나라 역사책에서는 볼 수도 알 수도 없었던 백제 패망 후의 유민들이나 고구려 또는 신라인들이 일본 땅으로 건너가 그곳에 남겨 놓은 흔적들을 찾아내어 생생한 기록으로 옮겨 놓은 이 책에는 일제 강점기의 기록들도 함께 소개되어 있다. 아울러 한민족의 흔적들을 찾기 쉽게 지역별로 구분하여 정리해 놓았다.

따라서 이 책은 한일 간의 역사를 잊지 않기 위해, 그리고 직접 일본을 방문하여 한민족의 흔적을 찾고자 하는 이들에게 가이드북으로서 손색이 없다고 확신한다. 독자 여러분의 애정 어린 관심을 기대한다.

2019년 1월
전 감사원장 이 시 윤

일본 사람들은 해외에서 일본으로 건너온 사람을 도래인(渡來人) 또는 귀화인(歸化人)이라고 한다. 자기 나라 국적을 버리고 일본 국적을 취득한 사람은 귀화인이고, 일본 국적은 취득하지 않고 일본에서 오래 정착한 사람을 도래인이라고 하는 것 같다. 그러나 역사적 용어로서 4세기부터 7세기경 사이에 한반도나 중국 대륙에서 바다를 건너와 일본에 사는 사람을 가리키는 경우가 많다.

바다를 건너왔다는 뜻의 도래(渡來)는 한때 일시적으로 일어난 것이 아니고 중국 황허 유역의 산둥반도나 만주와 한반도 등에서 여러 가지 원인에 의해 민족 이동이 빈번하게 발생하였던 것이다. 대체로 한민족을 포함하여 일본으로 많이 몰려온 도래인의 물결은 크게 나누어 네 차례 있었던 것으로 추정하고 있다. 구체적 원인으로는 동아시아 전체의 움직임뿐만 아니라 일본 왕권의 신장과 일본의 한반도 및 대륙정책과의 관계도 생각하지 않을 수 없다. 네 차례에 걸친 도래인의 물결을 간단하게 살펴보면,

제1파 : 기원전 5세기~3세기

첫 번째 물결은 기원전 5세기경부터 시작된다. 중국 대륙에서는 군웅할거라고 할 수 있는 전국시대(BC 403~221)를 맞이하고 있었던 때로 전란을 피하여 대륙에서 한반도로 이주하는 사람이 적지 않게 발생하였고, 또 한반도에서는 연쇄적으로 이에 밀려 일본으로 건너가는 사람들이 많았다. 일본

에서는 이 도래인들이 지니고 온 농경기술에 의하여 줄무늬시대 원시생활 형태에서 농경을 중심으로 한 야요이(彌生) 시대로 전환되는 시기가 되었으며, 도래인들이 정착한 집단 주거지도 벼농사 짓기에 알맞은 평야 가까이를 삶의 근거지로 하였으므로 이를 중심으로 한 유적들이 많이 나오고 있다.

제2파 : 4세기~5세기

일본에서는 오진(應神), 닌토쿠(仁德) 천황 등 왜5왕(倭の五王) 시대에 해당된다. 이때 중국 동북에서 선비족 모용씨가 남하함으로써 그 기세에 눌려 고구려도 한반도로 남하하기 시작하였고, 신라는 고구려의 영향 아래 놓이게 되었으므로 그 대세에 일본으로 건너간 신라 사람들이 증가하였다. 일본에서는 다이오(大王)를 비롯하여 각지의 유력한 호족들이 자기 영역 내의 경제적 · 문화적 발전과 정치적 지배력 강화를 꾀하고 있었던 시기로 이를 위하여 도래인들의 기술이 절실한 시기였다.

4세기 후반에 들어서면서 야마토(大和) 정권은 교토에서 일본 서쪽으로 점차 확대해 가고 있었으며, 이런 가운데 신라와 관계가 깊다고 하는 하다씨(秦氏)와, 백제와 관계가 깊다는 아야씨(漢氏) 등이 이 시기에 건너온 유명한 도래인으로 주로 문필이나 외교에 종사하였다. 이들 아야씨 가운데 야마토노아야씨(東漢氏)는 당시 막강한 세력권을 형성하였던 도래인 씨족의 하나였다.

제3파 : 5세기말~6세기

일본에서는 유랴쿠(雄略), 게이타이(繼體), 긴메이(欽明) 천황의 시기이며, 한반도에서는 신라가 급속하게 대두되어 가야, 백제와 대립하던 시기다. 백제는 476년에 수도 한성을 고구려에게 빼앗기고 웅진(현 공주)으로 도읍을 옮긴 후, 538년에 또다시 사비(현 부여)로 도읍을 옮기는 등 심각한 정치 정세에 빠져 있었으나 일본은 고대국가 형성이 본격화되고 있던 시대였다. 그러나 일본 국내 지배체제의 불안정 속에서 새로운 국가체제를 만들기 위하여 도래인들의 최신 지식과 기술이 절실하게 필요한 시기였다. 이를 위하여 도래인을 적극적으로 받아들이면서 불교를 수용하려 하였던 것이다.

6세기 후반 570년에 야마토 정권과 고구려의 교류는 이미 시작되어 고구려를 통한 문화 유입이 진행되고 있었으며, 이때 아스카데라(飛鳥寺)에서는 고마쟈쿠(高麗尺)라는 한반도에서 전하여 온 자(尺)를 사용하였다.

또한 고구려에서 일본으로 사절이 들어올 때는 한국계 도래인 야마토노 아야씨가 경호를 전담하였으며, 그밖에 부처를 만들거나 사찰을 짓는 등 토목공사에도 많이 참여하였다. 외교에 있어서도 많은 한반도 도래인들을 등용하였다. 아스카(飛鳥) 시대의 견수(遣隋) 유학생으로는 아야씨계의 다카무코노 구로마로(高向玄理)나 미나부치노 쇼안(南淵請安)과 같이 우리나라에서 일본으로 건너간 높은 학식을 지닌 도래인들을 선발하여 파견하였다고 한다.

제4파 : 7세기 후반

한반도에서 신라가 가야를 정복함에 따라 일본 야마토 정권은 신라와의 관계를 맺게 되는 계기가 되었고 중국과의 관계도 부활하게 되었다. 그러나 660년 백제의 멸망과 668년 고구려의 멸망으로 한때 관계가 두절된 상태였으므로 이때 많은 백제 사람과 고구려 사람들이 일본으로 건너왔다. 665년에 건너온 백제인 400명은 가미사키군(神前郡)으로 배치되었고, 다음 해 666년에 건너온 남녀 2,000명은 도고쿠(東國)로 보내졌으며, 그 뒤를 이어 건너온 요지신(余自信 : 백제인 관리, 계급은 佐平)을 포함하여 700명의 백제 사람들은 오미가모우군(近江蒲生郡)으로 보내졌다는 기록이 지금도 남아 있다.

한편 고구려에서도 고마 잣코(高麗若光)와 세나 후쿠도쿠(背奈福德) 등은 이미 건너와 있었지만 687년에 건너온 고구려 사람 687명은 히다치노쿠니(常陸國)로 삶의 터를 정하여 주었고, 그 후 716년에 건너온 1,799명은 무사시노쿠니(武藏國)로 보내졌다고 하며, 신라도 668년 국교가 회복됨에 따라 신라 사람들이 일본으로 건너와 시모쓰케노쿠니(下野國)로 배정하였다고 한다.

이와 같이 한민족은 여러 세기 동안 조국의 문화나 각종 기술을 가지고 일본 땅 각지에 정착하면서 일본 역사문화에 크게 기여하였다는 사실들이 고고학적 자료로 많은 곳에서 조사 발굴됨에 따라 도래인들의 존재와 기여도가 구체적으로 입증되고 있다. 조사 발굴된 유구(遺構)나 유물(遺物) 등은 당시 일본에서는 일반적으로 존재하지 않았던 특징적인 것으로 이 유물들은 대체로 국가 간 수장(首長)들의 선물이었거나 도래인들이 스스로 가지고 와 생활도구로 사용하였던 것이며, 그 외는 일본에 와서 자기 나라에서 사용하던 대로 만들어 사용한 유물들이 대부분이다.

여기에 펼쳐진 이야기는 고대 도래인의 전시 유구나 유물만이 아니고 한민족의 수난과 최근 일본의 식민정책으로 서글펐던 민족의 흔적이 담겨 있다. 일본에 남겨진 한민족의 흔적들은 일본 사람들 입장에서는 자랑스러운 흔적도 아니고 남겨놓고 싶은 것도 아니므로 관광지로서의 이름으로 알려진 것도 드물며, 해가 갈수록 여러 흔적들이 점점 풍화되어 없어져 가고 있어 안타까운 현실이다. 더욱이 우리나라 사람들이 최근 관광을 목적으로 일본 땅을 많이 찾고 있지만 우리 민족의 흔적은 알지도 못하고 가까이 두고서도 찾지 않는 사람이 많아 최소한의 상식과 위치만이라도 알려 주기 위해 이 책을 출간하게 되었다.

이 책을 만들기 위하여 일본의 유명 사찰이나 유적들을 많이 찾았으나 의외로 비불(秘佛) 본존(本尊)이 많아 촬영은 고사하고 볼 수도 없었으며,

박물관이나 자료관 등의 소장품도 촬영이 금지되거나 제한을 받아 자료 확보가 어려운 실정이었으므로 부득이 한민족의 유구나 유물 사진들만은 각 유물 소장기관의 홈페이지와 도록(圖錄)을 참고하였음을 말씀드린다.

되도록이면 한민족이 일본 땅에 적셔 놓은 흔적으로 오래오래 기억되고 보존되기를 기원하며, 우리나라 사람들이 관심을 갖고 유적지를 방문하여 쓸쓸하게 방치되지 않도록 관심을 가져주길 기대한다.

일본 땅 광활한 여러 곳에 한민족의 흔적 모두를 단기간에 찾는다는 것은 쉽지 않으므로 계속 흔적 찾기에 힘쓸 것을 약속드리며, 이 책을 발간하는 데 애써 준 이지출판사 서용순 대표와 박성현 실장에게 감사드린다.

2019년 1월

배 선 표

차례

004 추천의 글

006 책을 펴내며

246 참고자료

혼슈
(本州)
지역

★ 도쿄도(東京都)

020 세토오카(瀬戸岡) 고분군

022 고마에(狛江) 고분군

024 이왕가 이은(李垠) 저택

026 다카하시 고레키요(高橋是淸) 기념공원

★ 야마나시현(山梨縣)

028 유무라야마(湯村山) 고분군

030 요코네(橫根), 사쿠라이(櫻井) 적석총

★ 지바현(千葉縣)

032 다이강인(大巖院) 사면석탑(四面石塔)

★ 가나가와현(神奈川縣)

034 다카쿠(高來) 신사

036 고마산(高麗山)

038 고토쿠인(高德院) 관월당(觀月堂)

★ 사이타마현(埼玉縣)

040 사키타마(埼玉) 고분군

044 고마(高麗) 신사

★ 군마현(群馬縣)

046 와타누키(綿貫) 관음산 고분

048 호토다(保渡田) 고분군

050 다코비(多胡碑)

052 가라시나(辛科) 신사

★ 도치기현(栃木縣)

054 닛코 도쇼궁(日光東照宮)

★ 미에현(三重縣)

056 와카베마치(分部町) 도진오도리(唐人踊)

★ 나가노현(長野縣)

058 한글로 새겨진 융통염불비(融通念佛碑)

060 모리쇼군츠카(森將軍塚) 고분

062 마쓰시로(松代) 대본영(大本營)

064 오무로(大室) 고분군

066 아유가와(鮎川) 고분군

068 사토야마(里山) 주변 지하공장

070 하리츠카(針塚) 고분

072 공고지(金剛寺, 한국불교재일총본산)

074 젠코지(善光寺)

★ 니가타현(新潟縣)

076 사도(佐渡)에 있는 조선종

★ 미야기현(宮城縣)

078 다이린지(大林寺)

★ 기후현(岐阜縣)

080   미노스에고요세키군(美濃須衛古窯蹟群)

★ 나라현(奈良縣)

082   이나부치(稻淵), 가야모리슈라쿠(栢森集落)

084   오미아시(於美阿志) 신사

086   난바이케(難波池)와 고겐지(向原寺)

088   아스카데라(飛鳥寺)

092   이소노가미(石上) 신궁

★ 시가현(滋賀縣)

094   온조지(園城寺)

096   조선인의 길(朝鮮人街道)

098   고마사카(狛坂) 마애불

100   이시도지(石塔寺)

102   기시쓰(鬼室) 신사

104   오미노미야(近江宮)

106   오쓰(大津) 북쪽 교외 고분군

108   햐쿠사이지(百濟寺)

★ 교토부(京都府)

110   미미츠카(耳塚)

112   하다씨(秦氏)와 우즈마사(太秦)

114   료안지(龍安寺) 후스마에(襖繪)

★ 오사카부(大阪府)

116   오사카부 츠루하시(鶴橋)역 주변

118   이치스카(一須賀) 고분군

120   모리모토(杜本) 신사

122   지쿠린지(竹林寺)와 김한중(金漢重) 묘비

124   구다라오(百濟王) 신사

126 사이린지(西琳寺)

128 야추지(野中寺)

130 후지이데라(藤井寺)

132 구다라지(百濟寺) 터

136 전(傳) 왕인박사묘

★ 시즈오카현(靜岡縣)

　　138 오키쓰세이겐지(興津淸見寺)

★ 효고현(兵庫縣)

　　140 무로쓰가이에키칸(室津海驛館)

★ 히로시마현(廣島縣)

　　142 한국인원폭희생자위령비

　　144 후쿠젠지(福禪寺) 대조루(對潮樓)

★ 오카야마현(岡山縣)

　　146 우시마토혼렌지(牛窓本蓮寺)

★ 돗토리현(鳥取縣)

　　148 일한우호전시관(日韓友好資料館)

　　150 일한우호교류공원(日韓友好交流公園) 바람의 언덕(風の丘)

　　152 가미요도(上淀) 폐사 흔적

　　154 오카마스(岡益) 석당(石堂)

★ 야마구치현(山口縣)

　　156 하기야키(萩燒)

　　158 가미노세키쵸(上關町)

　　160 시모노세키항(下關港)

　　162 시모노세키시 인죠지(引接寺)

★ 아오모리현(青森縣)

164 　아오모리(靑森) 잔교(棧橋)

★ 이시카와현(石川縣)

166 　윤봉길 의사 암매장지
168 　교쿠센엔(玉泉園)과 도래인 무사 김여철(金如鐵)

규슈(九州) 지역

★ 사가현(佐賀縣)

172 　후산카이(釜山海) 고도쿠지(高德寺)
174 　류센지(龍泉寺)
176 　도잔(陶山) 신사

★ 가고시마현(鹿兒島縣)

178 　가고시마(鹿兒島) 고려마을(高麗町)
180 　다마야마(玉山) 신사
182 　미야마(美山)와 심수관요(沈壽官窯)
184 　지란특공평화회관(知覽特攻平和會館)

★ 미야자키현(宮埼縣)

186 　히키(比木) 신사
188 　미카도(神門) 신사
190 　미사토쵸(美鄕町) 구다라노야카다(百濟の館)
192 　미사토쵸 니시노쇼소인(西の正倉院)

★ 구마모토현(熊本縣)

194 　기쿠치죠(鞠智城)

★ 후쿠오카현(福岡縣)

196 디카도리야키(高取燒)

198 아가노야키(上野燒)

200 도진마치(唐人町)

202 한국인징용자위령비

204 조선인탄광순직자비 적광(寂光)

206 아카이케(赤池) 탄광순직자진혼비

208 닛데쓰후다세(日鐵二瀬) 광업소
다카오(高雄) 제2갱 적지(蹟地) 위령비 구에잇쇼비(俱會一處碑)

212 쇼강보다이(松岩菩提)

214 무궁화당(無窮花堂)

★ 나가사키현(長埼縣)

216 표민옥(漂民屋)

218 조선통신사 객관 유적

220 세이산지(西山寺)

222 조선 공주의 무덤(朝鮮國王姫の墓)

224 사가엔쓰지(佐賀円通寺)

226 최익현순국비(崔益鉉殉國碑)

228 이왕가(李王家)와 소백작가(宗伯爵家) 결혼기념비

230 반쇼인(万松院)

232 사고(佐護)의 박제상순국비(朴提上殉國碑)

234 와니우라(鰐浦) 한국전망대

236 쓰시마 사스나항(佐須奈港)

238 가네다죠(金田城)

홋카이도
(北海道)
지역

★ 홋카이도(北海道)

242 호쿠단유바리(北炭夕張) 탄광

244 삿포로 니시혼간지 베츠인(札幌西本願寺別所)

도쿄도(東京都)	도치기현(栃縣)	나라현(奈良縣)	히로시마현(廣島縣)
야마나시현(山梨縣)	미에현(三重縣)	시가현(滋賀縣)	오카야마현(岡山縣)
지바현(千葉縣)	나가노현(長野縣)	교토부(京都府)	돗토리현(鳥取縣)
가나가와현(神奈川縣)	니가타현(新潟縣)	오사카부(大阪府)	야마구치현(山口縣)
사이타마현(埼玉縣)	미야기현(宮城縣)	시즈오카현(靜岡縣)	아오모리현(靑森縣)
군마현(群馬縣)	기후현(岐阜縣)	효고현(兵庫縣)	이시카와현(石川縣)

혼슈 지역은 일본 본토에 해당된다. 도후쿠(東北)·간토(關東)·주부(中部)·긴키(近畿)·주고쿠(中國) 등 5개 지방, 행정구분은 1도 2부 31현으로 이루어져 있다. 최고점은 후지산(富士山)으로 3,776m다. 동해와 태평양 사이에 위치하며 북동에서 남서쪽으로 길게 뻗어 있다. 지질 구조상으로는 포사 마그나(Fossa Magna)에 의하여 동북 일본과 서남 일본으로 나뉘며 다시 서남 일본은 중앙구조선에 의하여 태평양 쪽 외대(外帶)와 동해 쪽 내대(內帶)로 구분된다. 또한 혼슈는 환태평양 조산대의 일부로 화산대와 지진대를 수반한다. 평야는 태평양 쪽에 간토(關東)·노비(濃尾)·오사카(大阪) 등 비교적 넓게 형성되어 있고, 도시가 발달하여 총인구의 약 40%가 이들 평야지대에 집중해 있다.

혼슈(本州) 지역

아오모리

미야기

니가타

이시카와

군마   도치기

나가노

사이타마

도쿄

시가   야마나시

돗토리   기후   지바

교토

오카야마   오사카   시즈오카   가나가와

미에

히로시마   나라

야마구치

세토오카(瀬戸岡) 고분군

★ 도쿄도 아키루노시(あきる野市) 세토오카
☆ JR히가시니혼이츠카이치센(東日本五日市線) 아키가와(秋川)역 하차

세토오카 고분군은 다마가와(多摩川) 지류 히라이가와(平井川) 남쪽에 위치해 있으며, 40여 기의 고분이 모여 있다. 지금은 사유지로 밤나무밭이 되어 있으나 역사환경보호지역으로 지정한 후 1924년, 1927년, 1950년 세 차례에 걸쳐 이곳을 조사한 결과, 고분 석실 형태가 하천 돌로 쌓은 적석총(積石塚)이고, 무덤 안에는 관이나 유골 항아리를 사용하는 등 특이한 장례 양식으로 확인되었다.

적석총은 우리나라 고구려나 신라 장제(葬祭) 형식이며, 특히 이 지역은 8세기경 소와 말을 기르던 곳으로 목장 운영 기술을 가진 사람이 주로 도래인이었던 만큼 이 지역 고분은 대부분 한민족의 것으로 추정된다.

우리나라 와당(瓦當)과 비슷한 고분 출토품

1 밤나무밭에 남아 있는 고분 2 적석총 무덤 석실
3 농가 창고에 보관되어 있는 출토품 4 고분 출토품 항아리

고마에(狛江) 고분군

★ 도쿄도 고마에시(狛江市)
☆ 오다큐덴테쓰(小田急電鐵) 오다와라센(小田原線) 고마에역 하차

도쿄도 고마에시 고마에역 부근에 있는 이 고분군은 햐쿠츠카(百塚)라고 할 정도로 고분이 많았다. 실제 70여 기였던 고분이 현재는 13기 정도만 남아 있다. 이 가운데 가메츠카(龜塚) 고분이 잘 알려져 있는데 전장 40m, 높이 6m의 가리비조개형 전방후원(前方後圓) 고분이었으나 현재 후원 쪽은 파괴되어 없어졌고 전방 부분만 보존되어 고마에 가메츠카(狛江龜塚)라는 비석만 서 있다.

이 외에 원형이 잘 보존되어 있는 가부토츠카(兜塚)와 맨션아파트 사이에 있는 교츠카(經塚) 고분을 찾아볼 수 있는데, 이 고분들에 대해 조사 발굴한 결과 고분 안에서 나온 부장품(副葬品)들은 우리나라 고구려 계통의 동경(銅鏡), 마구(馬具), 철제무기 등과 같고, 고분벽화에 그려져 있는 그림도 기린, 용, 인물 등 고구려 고분벽화 소재와 같은 것으로 한반도 도래인과의 관련을 확실하게 입증하고 있다. 이 고분군은 6세기 후반에 만든 것들로 한민족과의 관계를 알 수 있는 증거자료라고 볼 수 있다.

1 가메츠카 봉분 2 가부토츠카 고분 표지석과 안내판 3 교츠카 고분(아파트 건물 옆 철책 안에 있다.)

이왕가 이은(李垠) 저택

★ 도쿄도 지요다구(千代田區) 기오이쵸(紀尾井町)

　한국의 왕족은 1910년 한일합병이 되면서 일본 황족과 같은 대접을 받았다. 이후 우리나라 순종의 황태자 이은 씨를 일본으로 데려가 이방자 여사와 정략결혼을 시키고 일본 황족의 살림을 보살피는 궁내성(宮內省)으로 하여금 이들 살림집을 지어 주도록 하여 1930년에 지은 건물이다.

　태평양전쟁이 끝나면서 이들은 일본 국적을 상실하게 되었고 황족으로서의 신분도 없어져 무국적 재일 한국인이 되면서 이은 씨 내외의 생활도 점점 궁핍해짐에 따라 1952년 살던 집을 세이부(西部)철도회사에 매각하였다. 그 후 저택은 아카사카(赤坂) 프린스호텔로 운영되다가 1983년 저택 부지 안에 신관을 세워 숙박시설은 옮기고 이 저택은 '아카사카(赤坂) 프린스클래식하우스'라는 이름으로 주로 결혼식장이나 바, 레스토랑으로 이용하였다.

　최근 이 지역은 도시재개발사업이 진행되고 있지만, 이 저택은 2011년 도쿄도가 유형문화재(건조물)로 지정하여 그대로 보존할 모양이다.

1 이은(李垠) 씨가 살던 저택　2 프린스클래식하우스로 바뀐 현재 모습
3 1953년 핀란드 헬싱키 빙상대회 출전선수 조윤식 씨 일행과 함께(가운데 이은 씨)

다카하시 고레키요(高橋是淸) 기념공원

★ 도쿄도 미나토구(港區) 아카사카(赤坂)

다카하시 고레키요(高橋是淸, 1854~1936)는 일본 내각총리대신과 대장상을 지낸 사람으로 1951~1958년에 발행된 일본돈 50엔 지폐에 등장했던 인물이다. 이 공원은 그가 1936년 일본군 젊은 장교로부터 암살당한 후 그 유족들이 살던 집을 도쿄도에 기증하여 그 자리에 만든 도시공원(都市公園)이다.

공원은 일본식 정원으로 알려져 있지만 공원 안에 우리나라 왕릉에서만 볼 수 있는 문인상(文人像)과 등롱(燈籠) 등이 가득 있고, 우리나라 묘소 앞에 세우는 석물(石物)이나 비석(碑石) 등을 가져다 공원시설로 꾸며 놓았다. 지금은 반환되어 실물은 없지만 성종(成宗)의 후궁 숙용심씨(淑容沈氏)의 묘표도 있었으며, 그 자리에는 안내판만 남아 있다.

숙용심씨 묘표는 현재 서울 은평구 진관동 126번지 한옥마을 한가운데 자리잡고 있다. 묘표는 무덤 앞에 세우는 푯돌로, 죽은 이의 이름과 생년월일, 행적 묘주 등이 새겨져 있다.

이 묘표가 주목을 받는 이유는 바람직하지 않은 방식으로 해외에 유출되었다가 환수된 문화유산이기 때문이다.

1 우리나라 묘지 앞에 세우는 촛대석 2 왕릉 앞에 세워졌던 문인상
3 경내 석상(사찰 고승 석상으로 보임) 4 공원 내 산책길에 장식되어 있는 묘지 향로 받침대

유무라야마(湯村山) 고분군

★ 야마나시현 고후시(甲府市) 유무라(湯村)

☆ JR쥬오혼센(中央本線) 고후역에서 북서쪽 노선버스로 환승 기타쥬(北中) 입구 하차

유무라야마 고분군은 고후 시가지에서 북쪽 유무라산 일대의 적석총(積石塚) 고분을 말한다. 6세기 전반기와 7세기경에 걸쳐 만들어진 것으로 추정되며, 유무라 지구 외 하구로(羽黑), 야마미야(山宮), 지츠카(千塚) 지구에도 많은 고분들이 산재해 있다.

6세기 전반에 만들어진 횡혈식 석실을 가진 만쥬모리(万壽森) 고분과 지조(地藏) 고분 등이 남아 있으나 나머지 고분들은 에도(江戸) 시대에 파손된 모양이다.

고분의 묘제(墓制) 형식이 대부분 적석총이고 출토된 토기나 수혈식(竪穴式) 주거지 등이 많은 것으로 보아 고구려 도래인의 체취가 아직도 많이 풍기는 듯하다.

고분에서 출토된 부장품 토기

1 1호 고분(봉분은 유실됨) 2 1호 고분 현실(玄室) 내부
3 지조(地藏) 고분 4 만쥬모리(万壽森) 고분

요코네(橫根), 사쿠라이(櫻井) 적석총

★ 야마나시현 고후시 요코네마치(橫根町), 사쿠라이쵸(櫻井町) 일대
☆ JR쥬오혼센(中央本線) 이시와(石和) 온천역 하차

고후시 북쪽은 적석총 고분이 많기로 유명하다. 그중에서도 하치닌산
(八人山) 중턱 완만한 경사지에 있는 요코네(橫根), 사쿠라이(櫻井) 적석총 고
분군에는 140여 기가 군집되어 있다. 지금은 농경지로 이용되고 있지만
그 안에는 돌무덤들이 눈에 많이 띈다.

이들은 7세기 이전에 만들어진 고분으로 생각되며, 봉분 높이가 5m 내
지 8m 되는 것이 많고 가장 큰 것은 10m 되는 것도 있다. 분묘 출토품으
로는 금제 고리, 토기, 도기, 유리구슬 등이 있다.

적석총은 고구려의 묘제로(일본에서는 흙으로만 쌓아올렸음) 일부는 백제
묘제의 영향도 받았을 것이지만 당시 고구려인들이 대거 도래하여 이 지
역에 큰 영향을 끼쳤던 곳으로 추정된다. 가무나츠카(加牟那塚) 고분은 현
내에서 두 번째로 큰 횡혈식 석실을 가진 원분(圓墳)형 고분으로 석실 크기
가 16.75m나 된다.

고분에서 나온 동경(銅鏡)

1 사쿠라이 적석총 1호 고분 2 사쿠라이 적석총 2호 고분 3, 4 가무나츠카 고분 외형과 내부
5 요코네 적석총

다이강인(大巖院) 사면석탑(四面石塔)

★ 지바현 다테야마시(館山市) 오아미(大綱)
☆ JR히가시니혼우치보센(東日本內房線) 다테야마역 하차

  지바현 다테야마시 오아미에 있는 다이강인(大巖院)은 1603년에 창건된 정토종(淨土宗) 사찰이며, 이곳의 사면석탑은 다이강인 입구와 본당 중간에 있는 현무암으로 만든 사각주(四角柱) 석탑을 말한다. 이 석탑의 네 면 중 북쪽 면의 글자는 인도 범자(梵字), 서쪽 면의 글자는 중국 전자(篆字)로 쓰여 있으며, 동쪽 면에는 우리나라 한글, 그리고 남쪽 면에는 일본 한자로 '南無阿彌陀佛'이라고 각각 새겨져 있다.

  이는 불교가 일본에 들어오는 과정의 나라들 말로 새겨진 것이라는 이야기와 특히 한글로 새겨진 이유에 대해서는 임진왜란과 정유재란 때 일본으로 끌려와 고향에 가지 못하고 타국에서 세상을 떠난 한민족의 영혼을 공양하고 평화를 기원하기 위하여 세운 것이라는 이야기도 있다.

  여기에 새겨진 한글은 훈민정음이 반포(1446년)된 지 얼마 되지 않은 때여서 현재 사용되고 있는 한글과는 전혀 다른 글자들로 쓰여 있으나, 옛 한글 동국정운식(東國正韻式)이라는 사람도 있다.

1 다이강인 입구 **2** 사면석탑 전경 **3** 비석에 새겨진 문자

다카쿠(高來) 신사

★ 가나가와현 나카군(中郡) 오이소마치(大磯町) 고마(高麗)

☆ JR히가시니혼도카이도혼센(東日本東海道本線) 오이소역에서 히라츠카(平塚)행
  버스를 타고 게와이자카(化粧坂) 또는 하나미즈(花水) 하차

다카쿠(高來) 신사는 일본 초대 천황으로 일본 신화에 나오는 진무(神武)
천황 시대에 창건된 것이라고 하나 그 기원은 찾기 어렵다.

원래는 고마산(高麗山)에 세워져 있던 것으로 에도 시대까지 고라이지(高
麗寺)에 속해 있었고, 메이지(明治) 천황이 집정하면서 신(神) · 불(佛) 분리
정책에 따라 고라이지는 폐사되었다. 그 후 고마(高麗) 신사라는 이름으로
바뀌었다가 다시 1897년에 고마(高麗) 신사 이름을 다카쿠(高來) 신사로 바
꾸었다.

이 지방 오이소(大磯)는 한반도 고구려에서 건너오는 사람들의 상륙 지
점이었으며, 이곳에서 고구려 사람들은 간토(關東)의 각 지역으로 흩어져
일본의 황무지를 개척하는 데 많은 공로가 있었다.

1 다카쿠 신사 배전(拜殿) 전경 2 다카쿠 신사 도리이와 표지석
3 다카쿠 신사 입구 양 옆에 세워 놓은 해태상

고마산(高麗山)

★ 가나가와현 나카군 오이소마치 고마

☆ JR히가시니혼도카이도혼센(東日本東海道本線) 오이소역 하차

고마산(高麗山)은 가나가와현 나카군 오이소마치와 히라츠카시(平塚市)에 걸쳐 있는 표고 약 168m 되는 작은 야산으로 이 지역 '현민의 숲(縣民の森)'으로 지정되어 인근 주민들이 하이킹 코스로 많이 이용하고 있다. 고마산 정상까지는 쇼난다이라(湘南平)에서 도보로 편도 30분 정도 소요되는 거리다.

이 산의 이름은 고구려에서 건너온 사람에서 연유된 것이라고 한다. 에도 시대까지는 이 산속에 고구려 왕족 고마 잣코(高麗若光)를 모셨던 고라이지(高麗寺)가 있어서 고라이지산(高麗寺山)이라고 불렀다.

이 지역은 7세기경 고구려가 망하면서 국외로 탈출한 고구려 사람들이 건너와 살았던 곳으로, 이들이 오랫동안 정착해 살면서 절을 세운 다음 고라이지산(高麗寺山)이라고 이름을 붙인 것으로 추정된다. 그것은 이 지역 고분군에서 출토된 장식품이나 부근의 지명을 보아도 알 수 있다.

1 고마산 원경 2 고마산 진입로 표지목 3 고마산과 고마 신사 안내판
4 고마산 정상에서 바라본 후지산

고토쿠인(高德院) 관월당(觀月堂)

★ 가나가와현 가마쿠라시(鎌倉市) 하세(長谷) 고토쿠인(高德院) 내
☆ 에노시마전철(江ノ島電鐵) 하세역 하차

고토쿠인(高德院)은 정토종(淨土宗) 사원으로 가마쿠라 대불(鎌倉大佛)로 유명한 사찰이다. 이 대불 뒤쪽에 관월당(觀月堂)이라는 건물이 쓸쓸히 세워져 있다.

이 건물은 15세기경 조선조 왕궁 안에 세워졌던 전당(殿堂)의 일부였는데(원래의 소재지는 불명) 일제 때 조선척식은행에 담보로 제공되어 야마이치(山一)합자회사(현 야마이치증권)에 인도된 후 일본으로 건너왔다고 한다. 그 뒤 초대 야마이치증권 스기노 기세이(杉野喜精) 사장이 사들여 도쿄 메쿠로(目黑)에 있는 자기 집에 원형 그대로 옮겨 지었다가 1924년 고토쿠인에 기증했다. 현재 100여 년밖에 안 되는 근대사의 일인데도 어느 왕궁에서 누가 기둥을 뽑아 팔았는지조차 알지 못하는 것이 안타깝다.

더욱이 가마쿠라 대불은 관광명소로 알려져 한국인들이 와서 대불에게만 합장하고 바로 뒤쪽의 관월당은 돌아보지도 않는 모습이 몹시 안타깝다. 관월당 건물 편액(扁額)에는 무량수각(無量壽閣)이라고 쓰여 있으며, 맞배지붕 기와나 문살 등은 한국 건축물 원형 그대로 잘 보존되어 있다.

2010년 5월 한일불교교류협의회 관계자들 사이에 이 건물을 한국에 돌려주기로 한 협약이 있었다고 한다. 하루 빨리 돌아오기를 기원한다.

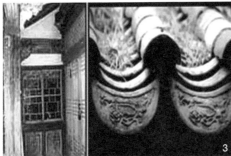

1 관월당 전경 **2** 가마쿠라 대불 **3** 맞배지붕 조선기와 **4** 관월당 편액과 문살 **5** 관월당 위치도

사키타마(埼玉) 고분군

★ 사이타마현 교다시(行田市) 사키타마

☆ JR다카사키센(高埼線) 교다역, 지치부철도(秩父鐵道) 교다역 하차

    사이타마현 교다시에 대형 고분 9개로 이루어져 있는 사키타마 고분군은 5세기 말부터 7세기 초 사이에 만들어진 것으로 추정된다. 예전에는 크고 작은 고분이 40기 정도 있었으나 지금은 농경지로 둘러싸인 평지에 전방후원분(前方後圓墳) 8기와 원분(圓墳) 1기 등 9기만 남아 국가 사적으로 지정 등록되어 있다.

    이들 고분 중 471년경에 만들었다는 금착명철검(金錯銘鐵劍)이 출토된 이나리산(稻荷山) 고분과 일본 최대의 원분(圓墳)이라는 마루하카산(丸墓山) 고분, 그리고 쇼군산(將軍山) 고분 등은 현재 관동지방에서 유명한 고분이다.

    이들 고분에서 신수경(神獸鏡), 삼환령(三環鈴), 무인 토우(武人埴輪), 곡옥(曲玉) 등 많은 부장품이 나왔으며, 특히 6세기 후반기에 만들어졌다는 쇼군산 고분에서는 횡혈석실(橫穴石室)과 고구려 고분벽화와 신라 고분에서 나온 부장품과 똑같은 마구(馬具), 대도(大刀), 화살촉 등이 나온 것으로, 이들 모두 한반도 문화와 인연이 깊은 부장품임을 인정받고 있다.

1 사키타마 고분군 전경 2 이나리산 고분 3 쇼군산 고분
4 후타고산(二子山, 쌍동이산) 고분(사키타마 고분군에서 제일 큼)

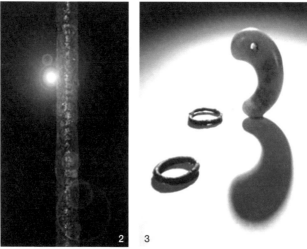

사키타마 사적박물관 고분 출토물 국보 전시실 자료

1 사키타마 사적박물관 전시실 2 금착명철검 3 비취곡옥과 은제 귀고리

1 사키타마 사적박물관 전시실 2 신수경(神獸鏡) 3 마구(馬具)

고마(高麗) 신사

★ 사이타마현 히다카시(日高市) 오아자(大字) 니보리(新堀)

☆ JR히가시니혼하치코센(東日本八高線), 가와고에센(川越線) 고마가와(高麗川)역에서
도보로 약 20분

　고마(高麗) 신사는 668년 나당연합군에 의해 고구려가 망하면서 귀족과
고승을 포함한 고구려 사람들이 일본으로 많이 건너와 살았는데, 716년경
일본의 야마토(大和) 정부가 1,799명의 고구려 사람들을 이곳으로 집단 이
주시키면서 이곳 지명(地名)을 고마군(高麗郡)이라고 하였다. 이곳으로 와
정착한 고구려 왕족 잣코(若光)에게는 고니키시(王)라는 성을 갖게 하고 군
지(郡司, 군을 다스리는 지방관) 벼슬을 주어 고마노고니키시 잣코(高麗王若光)
라는 이름으로 불렀다.

　이 지방 한민족 도래인들은 원주민과 함께 황무지 땅을 열심히 개간하
여 옥토로 만들어 지역 주민이나 정부로부터 그 공덕을 크게 인정받았다.
고구려 도래인의 지도자였던 잣코(若光)는 세상을 떠난 후에도 그를 추모
하기 위하여 영묘(靈廟)와 제사를 지낼 수 있도록 고마 신사를 세웠다.

1 고마 신사 전경　2 고마 신사 편액　3 고마 신사 입구 표지석　4 고마 잣코 석상
5 고마 잣코 묘　6 고마가와역 앞에 있던 우리나라 장승　7 장승이 흔적도 없이 사라진 역 앞

와타누키(綿貫) 관음산 고분

★ 군마현 다카사키시 와타누키마치(綿貫町)

☆ JR다카사키센(高埼線) 다카사키역에서 차로 약 20분

와타누키 관음산 고분은 다카사키시 동쪽 약 6km쯤 떨어진 이노가와 (井野川) 근처 들판에 있는 전방후원분(前方後圓墳) 고분이다.

이 고분에서 나온 부장품들은 신라 양식의 수대경(獸帶鏡)과 백제 무령 왕릉에서 나온 부장품과 같은 것으로 알려졌다. 또 고구려 양식의 하니와 (埴輪, 토용)로 유명한 3인의 동녀(童女), 농부상, 무인(武人) 토용과 마구(馬 具)류로는 말안장, 재갈, 말방울, 철제 등자(鐙子, 말 탈 때의 발판) 등 많은 부 장품들이 나왔다. 이 부장품들의 내용으로 보아 상당한 지위에 있었던 고 구려 호족(豪族)으로 추정된다.

수대경(오른쪽은 백제 출토품 복제)

1 와타누키 관음산 고분 전경   2 와타누키 관음산 고분 석실 입구   3 와타누키 관음산 고분 석실 내부
4 고분에서 출토된 토용(3인의 동녀)   5 석실에서 출토된 동제 물병

호토다(保渡田) 고분군

★ 군마현 다카사키시 이데쵸(井出町)와 호토다마치(保渡田町) 일대
☆ JR다카사키(高埼)역에서 차로 약 20분

다카사키시 이데쵸와 호토다마치 양쪽에 걸쳐 있는 호토다(保渡田) 고분군은 5세기 후반에 만들어진 전방후원분(前方後圓墳)이다. 이 일대 약 12.9ha를 역사공원으로 지정하여 관리하고 있으며, 공원 안에는 후타고야마(二子山) 고분과 하치만츠카(八幡塚) 고분, 야쿠시츠카(藥師塚) 고분 등 역사지정 고분 3기 외에 고분군 자료관 등 공원시설도 다수 있다.

이곳 고분들은 모두 주형(舟形) 석관으로 된 것이 특징이다. 부장품들은 기마민족 고구려계 도래인이 사용한 마구(馬具)가 많이 나왔고, 또 진흙으로 만든 하니와(埴輪, 토용)도 많이 나왔다.

또한 이 지역 가까운 곳에서 발견된 적석총을 조사한 결과 고분 안에 우리나라 경주 식리총(飾履塚)에서 나온 부장품과 같은 쇼쿠리(飾履, しょくり, 금장식 신발)가 들어 있었다는 것은 이 지역 고분 역시 한반도 도래인의 영향임을 알 수 있다.

1 호토다 고분군 항공사진(일본 국토교통성 제공) 2 하치만츠카 고분 3 후타고야마 고분
4 하치만츠카 고분 출토 주형(舟形) 석관 5 후타고야마 고분 출토 주형 석관 6 야쿠시츠카 고분

다코비(多胡碑)

★ 군마현 다카사키시 요시이마치(吉井町)

☆ 다카사키역에서 죠신전철(上信電鐵)로 환승하여 요시이역에서 도보로 약 30분

다코비(多胡碑)는 1,300년 전 711년에 일본 나라(奈良) 조정이 고즈케노쿠니(上野國)의 가타오카군(片岡郡)과 미도노군(綠野郡) 그리고 가라군(甘樂郡) 3개 군에서 300가구를 떼어 다코군(多胡郡)을 설치한 후 이를 기념하기 위하여 세운 금석문(金石文) 비석이다. 이 비석의 비문 내용은 다코군을 설치할 때 중앙정부기관 변관(辨官, 조정의 최고기관)의 명령문을 써놓은 것이다.

내용은 "고즈케노쿠니의 가타오카군, 미도노군, 가라군 3개 군에서 300가구를 떼어 히쓰지(羊, 인명)에게 위임하고 다코군을 세웠다"는 건군(建郡) 기념비다.

그런데 이 비문 내용의 다코군을 위임받은 히쓰지(羊)는 신라에서 온 도래인으로 사람 이름이라는 것이 군마현(群馬縣) 지방사지(地方史誌)에서도 정설로 보고 있다. 또 이 지역에 가라시나(辛科) 신사가 있고, 가라(甘樂)라는 지명도 남아 있어 한반도를 가라(韓)라고 하는 일본 사람들의 말뜻과도 이어지는 것으로 한민족 도래인들의 고장이었음이 틀림없다. 다코비는 현재 유리로 가려진 복당(覆堂) 안에 보존되어 있다.

1 다코비 복당(覆堂)　2 다코비 전경
3 다코비 자료관　4 다코비 비문 탁본

가라시나(辛科) 신사

★ 군마현 다노군(多野郡) 요시이마치(吉井町) 진보(神保)
☆ 죠신전철(上信電鐵) 죠신센(上信線) 니시요시이(西吉井)역에서 도보로 약 30분

　가라시나(辛科) 신사의 '辛'자는 일본어로 '가라이'라고 읽고 '科'자는 '시나'라고 읽어 '골=谷'이라는 지형(地形)을 나타내는 접사(接詞)다. 한자 '韓', '伽羅', '甘樂'는 일본말로 모두 '가라'라고 표현하여 한반도나 선진국(중국의 당나라)을 말할 때 쓰는 글자로 이 신사명의 가라(辛)라는 글자도 같은 뜻으로 해석된다.

　이 신사가 지어진 것은 701년과 703년 사이에 신라에서 온 도래인들이 신불의 영(靈)을 청하여 이루어졌다고 한다. 신사 경내 주변에는 크고 작은 원분(圓墳) 고분군이 있고, 또 이 지역 옛 이름이 가라시나고(韓科鄕)였다는 것과 그 이전의 이름도 가라군(甘樂郡)이었던 것으로 한민족들의 거주지임이 확실하다. 711년 가라군(甘樂郡)에서 분리되어 다코군(多胡郡)으로 건군(建郡)하면서 이 신사가 다코군의 총진수사(總鎭守社)로 되었다.

　다코군의 다코(多胡)라는 말 가운데 코(胡)는 본래 중국 서쪽에서 살던 민족을 뜻하였던 것으로, 일본 서쪽에 있는 한반도 사람들이 많이 들어와 산다는 데서 다코군이라는 이름이 붙여진 것으로 본다. 이러한 여러 가지 사실로 보아 한반도에서 온 도래인들이 일본 열도를 동진하면서 풍부한 문화와 역사를 창조한 것만은 확실하다.

1 가라시나 신사 진입도로와 표지석   2 가라시나 신사 편액   3 가라시나 신사 사전(社殿)
4,6 신사 입구의 금속제 해태   5 가라시나 신사 경내

닛코 도쇼궁(日光東照宮)

★ 도치기현 닛코시(日光市) 산나이(山内)

☆ JR히가시니혼닛코센(東日本日光線) 닛코역에서 도부(東武)버스 쥬센지(中禪寺) 온천 또는 유모토(湯元)행 버스를 타고 신쿄(神橋)에서 도보로 10분

닛코 도쇼궁은 일본의 초대 쇼군(將軍) 도쿠가와 이에야스(德川家康)를 위해 1617년에 지은 것으로, 지금의 모습은 제3대 쇼군 도쿠가와 이에미쓰(德川家光) 때 개조한 것이다.

닛코 도쇼궁의 8개 건조물이 일본 국보로 지정되어 있고 34개 건조물은 중요문화재로 지정되어 있다. 도쇼궁의 유명한 건물은 화려하게 장식된 요메이몽(陽明門)이며, 두 번째 문인 당문(唐門)은 흰 장신구로 장식되어 있다.

이 도쇼궁에는 조선통신사가 3회에 걸쳐 방문하면서 우리나라가 보낸 선물이 진열되어 있다. 도쇼궁 요메이몽 앞 오른쪽에 있는 조선종은 이에미쓰(家光)의 장남 도쿠가와 이에츠나(德川家網)의 출생 선물로 보내진 것이고, 안쪽에 있는 도쿠가와 이에야스의 묘 보탑(寶塔) 앞에는 1643년 우리나라에서 보낸 선물 삼구족(三具足, 향로, 촛대, 꽃병)이 놓여 있다.

1 도쇼궁 오모테몽 2 도쇼궁 입구 사천왕상 3 도쿠가와 이에야스 묘 앞 삼구족(三具足)
4 삼구족 확대 사진 5 요메이몽 앞 조선종

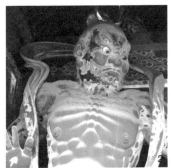

와카베마치(分部町) 도진오도리(唐人踊)

★ 미에현 쓰시(津市) 히가시마루노우치(東丸乃内)
☆ JR도카이기세혼센(東海紀勢本線) 쓰(津)역 하차

　일본에서 도진오도리를 조선통신사 행렬 예능(藝能)으로 전승해 오고 있는 지역은 조선통신사가 실제 지나갔던 오카야마현(岡山縣) 우시마토(牛窓) 지역의 가라코오도리(唐子踊), 미에현 스즈카시(鈴鹿市) 히가시다마가키(東玉垣) 지역의 도진오도리, 그리고 쓰시 와카베 지역의 도진오도리다.

　도진(唐人)이란 원래 중국 당나라 사람을 말하지만, 당시 일본 사람들은 외국 사람을 모두 도진(唐人)이라고 불렀다. 조선통신사 행렬은 인원수만도 대단원으로 일본 사람들을 압도하였을 뿐 아니라 큰 깃발과 청도(淸道)기를 앞세운 정사(正使) 일행이 새납과 피리를 불면서 북과 징을 치고 어린 무동(舞童)을 태운 춤꾼들이 신나는 춤을 곁들여 거리를 지나가는 행렬은 일본 사람들에게 신나는 구경거리가 아닐 수 없었을 것이다.

　조선통신사 일행이 지나간 뒤에는 각 지방장관인 번주(藩主)들이 모든 비용을 부담하였으며, 일본 화가들이 그린 조선통신사 행렬과 통신사 행차시의 깃발 및 각종 도구 등을 표방하여 그들 나름대로 보여 준 한국 춤들을 도진오도리라고 이름짓고 지방무형문화재로 지정하여 보존회까지 만들어 놓았다. 이 보존회와 우리나라 관련 단체들이 교류를 통해 우리 문화를 널리 올바르게 소개했으면 좋겠다.

와카베마치 도진오도리 자료관 전시자료
1 조선통신사 행렬 재현 행사   2 춤추는 사람
3 새납과 피리를 부는 사람   4 영(令)기와 대장 일산(日傘)
5 와카베마치 도진오도리 자료관   6, 7 청도(淸道)기와 용(龍)기

한글로 새겨진 융통염불비(融通念佛碑)

★ 나가노현 기타아즈미군(北安曇郡) 오타리무라(小谷村) 나카쓰지(中土)
☆ JR니시니혼오이토센(西日本大絲線) 미나미오타리(南小谷)역에서
　오타리손에이(小谷村營) 버스로 환승

　이 비석은 1830년 7월 길일(吉日) 군조레(葛草連, くんぞうれ) 지구에 세워졌
는데 현재 나카야니시(中谷西) 촌락 진구지(神宮寺) 근처로 옮겨왔다. 지금
의 위치는 히메가와(姬川) 지류인 나카야가와(中谷川) 히메가와 다리에서 오
타리(小谷) 온천으로 가는 길 중간지점에 있다.

　이 비석이 유명해진 것은 비석 오른쪽에 한글이 새겨져 있기 때문이다.
이 글자가 한글인지 또는 아비루 문자(阿比留文字, 일본어가 생기기 전 일본어
를 표기하기 위한 진다이모지[神代文字]의 일종)인지 논란이 되고 있으나, 아비
루 문자와는 글자체가 상당히 다르고 오히려 1784년 에도 시대에 발행된
《와칸세쓰요무소부쿠로(倭漢節用無雙囊)》에 쓰여 있는 '조선의 문자'와 똑
같은 서체여서 한글로 추정하고 있다. 다만 한글이 제정된 지 얼마 되지
않았던 때이고 고어체로 지금은 사용되지 않는 글자이면서 우리나라 사람
이 아닌 일본인이 인용하였다는 데 더욱 해석의 어려움이 있다.

　비석 옆구리에 한글로 글을 새겨 넣은 이유는 무엇인가? 여러 추측이 있
지만 외부에 말 못할 사정을 눈치 채지 못하게 하기 위한 민간신앙의 주술
적 염불공양비(念佛供養碑)가 아닌가 하는 사람도 있다. 오래전에 나카야오
미야스와(中谷大宮諏訪) 신사 부적에도 한글이 쓰였던 때가 있었다.

1 융통염불비(融通念佛碑) 전경 2 비석 측면 글자
3, 4 한글 비문 탁본 5 《와칸세쓰요무소부쿠로(倭漢節用無雙嚢)》에 쓰여 있는 한글 모양 문자

모리쇼군츠카(森將軍塚) 고분

★ 나가노현 지쿠마시(千曲市) 오아자모리(大字森)
☆ 시나노철도(しなの鐵道) 야시로(屋代)역에서 도보로 약 25분

　모리쇼군츠카 고분은 4세기 말 지쿠마가와(千曲川)가 바라보이는 나가노현 오네야마(尾根山) 산중턱에 만들어진 고분이다. 나가노현에서는 가장 큰 전방후원분(前方後圓墳)이며 흙을 쌓고 돌을 붙였지만 적석총 계열이다.

　거대한 수혈식 석실에서는 중국제 삼각 테를 한 신수경(神獸鏡) 조각이 발견되었고, 또 봉분에서 많은 석관과 옹관도 발견되었다.

　그중 5세기경 한반도에서 만들어 사용하던 스에키(須惠器, 토기)와 중국을 비롯하여 한반도에서 생산되는 쇠로 만든 철제 칼 등 무기가 나왔다. 그밖에 기마민족이 사용하던 마구류가 나온 것으로 보아 고구려 도래인 장군의 무덤으로 보고 있다.

1 모리쇼군츠카 고분 원경　2 토용으로 장식된 봉분　3 토용 근접 사진
4 지쿠마시 모리쇼군 고분관 입구　5 고분에서 출토된 철제 도검과 화살촉 및 신수경 조각
6 지쿠마시 모리쇼군 고분관 출토품 전시장

마쓰시로(松代) 대본영(大本營)

★ 나가노현 나가노시 마쓰시로 조산(象山), 마이즈루산(舞鶴山), 미나카미산(皆神山)을 중심으로 한 지하 군사시설

☆ JR히가시니혼(東日本) 나가노역에서 가와나카지마(川中島) 버스로 환승하여 마쓰시로하치니은행(松代八二銀行) 앞 하차 도보로 약 15분

　마쓰시로 대본영은 태평양전쟁 말기 일본의 패전이 짙어지자 전쟁 총지휘본부인 대본영과 일본 천황 부부 거처를 이전하기 위해 오지 산에 판 지하 땅굴이다. 1944년 9월 착공 명령을 받고 급하게 동원된 노동자들은 주로 한국인이다. 이들은 강제징용으로 투입되거나 일본 각지의 공사 현장에서 이곳으로 이송되어 많을 때는 7천 명이 넘었다고 한다.

　이곳에서 한국인들은 극도의 열악한 환경과 가혹한 중노동에 시달렸고 (하루 12시간씩 2교대), 영양결핍 등으로 많은 사람이 희생되었으나 종전(終戰)과 함께 관련 서류들은 모두 파기되어 정확한 동원 인원이나 희생자들을 파악할 수 없는 상황이다. 지금도 남아 있는 땅굴 안에는 경상도 대구가 고향인 사람이 써놓은 '大邱府 大邱'라는 글씨가 또렷하게 남아 있다. (안내 간판에는 조선인 노동자 숫자가 지워져 있다.)

1 마쓰시로 조산(象山) 지하호 안내판에 조선인 노동자 숫자는 지워져 있다.　2 우리 동포 희생자들의 추도위령비. 위령비 주변에는 무궁화가 심어져 있다.　3 조산 지하호 내부　4 조산 지하호 입구 5 지하 벽에 쓰여 있는 글씨　6 지하호 공사장의 침목 흔적　7 마이즈루산 지하호 입구

松代象山地下壕

第二次世界大戦の末期、軍部が本土決戦最後の
拠点として、極秘のうちに、大本営、政府各省
をこの地に移すという計画のもとに、
昭和十九年
十一月十一日午前十一時着工翌二十年八月十五日
の終戦の日まで、およそ九ヶ月の間に当時の金額
で二億円の巨費と延べ三百万人の住民及び朝鮮人
の人々が労働者として勤員され、突貫工
事をもって構築したもので全工程の七五%が完成し
た。
ここは地質学的にも堅い岩盤地帯であるばかり
でなく、海岸線からも遠く、川中島合戦の古戦場
として知られているとおり要害の地である。
松代地下大本営は舞鶴山（現気象庁松代地震観測
所）を中心として、その延長は10粁余に及ぶ大地下壕であ
る。

松代象山地下壕の現状
延　長　　五八五三・六米
　　　　　（うち二三四・六米公開）
総延長　　五八五三・六米
掘削土量　六〇三二四立米

長　野　市

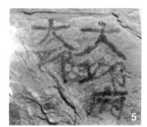

오무로(大室) 고분군

★ 나가노현 나가노시 마쓰시로 오무로(大室)

☆ JR나가노역에서 나가노 전철 야시로-스자카(屋代-須坂)행 버스 환승

　오무로역에서 도보로 약 20분

　오무로 고분군은 나가노시 남쪽 마쓰시로(松代)에 있는 일본 최대 고분
군으로 500여 기가 묻혀 있는 적석총 고분 대군집 지역이다. 이 고분들 가
운데는 흙으로 성토(盛土)한 것도 있고 흙과 돌을 섞어 만든 고분도 있지만
80% 상당이 고구려계 묘제(墓制)인 적석총으로 되어 있다. 특히 다른 곳에
서 보기 어려운 특이한 형태의 고분으로 천장이 삼각형 형태인 합장형(合
掌形) 석실고분이 7기 정도 있다.

　이들 적석총형 묘제는 고구려에서 발생하여 백제로 전하여졌던 것이나
백제에서는 신라를 가로질러 일본으로 건너오기는 어렵고 고구려 도래인
들이 이곳으로 직접 건너와 정착하면서 이루어 놓은 고분으로 추정된다.
특히 말(馬)의 생산과 관련된 물건들이 많이 나왔고, 하지키(土師器, 질그릇 종
류)와 스에키(須惠器, 도기의 종류) 그리고 토마(土馬)도 발굴된 것으로 보아 기
마민족인 고구려계 도래인들이 이루어 놓은 문화인 것으로 보인다.

1 오무로 고분군 중 최대 고분 244호　2 고분 244호 석실 내부　3 고분 168호 합장형 석실
4 고분 238호 토석 혼합형　5 고분 출토 스에키　6 오무로 고분관 입구
7 고분관 내 토용(하니와, 埴輪) 전시실

아유가와(鮎川) 고분군

★ 나가노현 스자카시(須坂市) 오아자핫쵸(大字八町)
☆ JR히가시니혼(東日本) 나가노역에서 나가노 전철로 환승 스자카역에서 차로 10분

아유가와 고분군은 스자카시 아유가와 북쪽에 있다. 원래 70여 기의 고분이 있었으나 지금은 훼손되어 남아 있는 것은 40기 정도가 여기저기 돌무덤만 남아 있다. 이들은 모두 고구려계 고분으로 고구려 묘제 특징인 적석총으로 되어 있다.

대표적인 고분으로 핫쵸요로이츠카(八丁鎧塚) 2호 고분이 남아 있는데, 이 고분에서 나온 부장품은 모두 기마민족 유품인 말 재갈, 말방울 등 마구류와 철제 칼, 화살촉, 유리곡옥, 토용, 토사기, 석관 등 한민족의 냄새가 풍기는 유물들로 한민족 도래인들의 유품이 확실하다.

일본 스자카(須坂)시립박물관의 2호 고분 출토품 혁대 장식에 대한 설명문(일어 원문 번역)
"이러한 혁대 금속장식은 일본에서 3개만 발견되었고, 한국의 송산리 2호 고분에서 똑같은 혁대 금속장식이 출토된 것이라든지 안악 3호 고분 현실 안 돌기둥의 사자 얼굴과 꼭 닮은 것으로 보아 대륙, 특히 조선반도와의 유대가 상기된다."

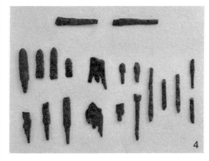

1 핫쵸요로이츠카(八丁鎧塚) 고분
2, 3, 4, 5 핫쵸요로이츠카 고분에서 출토된 혁대장식, 화살촉, 유리곡옥

사토야마(里山) 주변 지하공장

★ 나가노현 마쓰모토(松本) 오아자(大字) 사토야마 주변 마을
☆ JR히가시니혼(東日本) 시노노이센(篠ノ井線) 마쓰모토역 하차

마쓰모토 사토야마 주변 마을 금화산(金華山) 지하에 건설된 이곳은 태평양전쟁 말기 우리나라 동포 7천여 명과 중국인 포로 5백여 명이 강제 연행되어 만든 땅굴 병기(兵器) 공장이다. 1945년 4월경에는 우리나라 사람 1만여 명이 끌려와 일을 했다. 산 밑에 그물망처럼 땅굴을 파서 미쓰비시(三菱) 중공업 나고야(名古屋) 항공기 제작소를 옮기려 한 계획이었다.

이 작업은 1944년 11월 11일 11시 11분에 시작하여 1945년 8월 15일 종전 날까지 실시, 작업 공정이 75% 정도 진행되었다고 한다. 이곳에서도 우리나라 사람들은 극도의 열악한 환경과 가혹한 중노동에 시달렸으며, 영양 결핍으로 많은 사람들이 희생되었다.

땅굴 안 벽면에는 강제 동원된 우리나라 기독교인이 작업하면서 그려 놓은 것으로 보이는 '天主' 글자와 '十'자를 새겨 놓은 곳이 있고, 그 밑에 작은 돌로 제단을 만들어 종교생활을 하였던 것으로 추정되는 흔적이 아직도 남아 있다. 이 지역 작업장은 전쟁 당시 극비로 진행하여 현지 주민들조차도 알 수 없었던 곳으로 외부에는 전혀 알려지지 않은 곳이다.

1 지하 땅굴 입구 2,3 땅굴 안 벽에 새겨놓은 '十'자와 그 아래 제단 4 땅굴 안의 녹슨 레일
5 '天主'라는 글자도 있다. 6 바둑판처럼 뚫어 총길이가 10km 정도라고 한다.

하리츠카(針塚) 고분

★ 나가노현 마쓰모토시 사토야마 주변
☆ JR히가시니혼(東日本) 마쓰모토역 버스터미널에서 이리야마베센(入山邊線) 버스 환승,
   사토야마 출장소에서 도보로 15분

하리츠카 고분은 적석총 고분으로 알려졌다. 적석총은 흙 대신 돌로 봉분을 쌓아 올린 고구려계 묘제(墓制) 고분으로 고구려 도래인의 묘로 추정되며, 이 고분의 수혈식(竪穴式) 석실 안에서 내행화문경(內行花文鏡, 거울)과 쇠도끼, 쇠화살촉, 활석제 방추차(滑石制紡錘車), 기타 각종 마구류 등 고구려계 기마민족의 부장품이 많이 나왔다.

여기서 나온 출토품으로 보아 고분에 묻힌 주인은 고구려계 도래인이 틀림없으며, 또 이곳 스스키강 유역은 옛날부터 도래인 중심으로 다스렸다는 것이 고분을 통하여 증명되고 있다. 현재 개발 명목으로 많은 고분들이 파괴되어 점점 흔적이 없어지고 있는데, 하리츠카 고분만 복원되어 있다.

1 하리츠카 고분 전경 2 하리츠카 적석총 고분 원경 3 고분 정상 수혈식 석실 복원 모양
4 내행화문경(內行花文鏡, 거울) 5 하리츠카 고분 출토 토기
6 마쓰모토(松本)시립고고박물관 입구 간판 7 마쓰모토시립고고박물관 상설전시장 내부

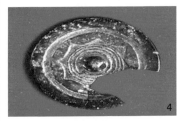

공고지(金剛寺, 한국불교재일총본산)

★ 나가노현 아즈미시(安曇市) 호다카아리아케(穂高有明)
☆ JR히가시니혼(東日本) 오이토센(大絲線) 호다카(穂高)역 하차

공고지(金剛寺)는 나가노현 호다카아리아케 별장지에 있는 사찰로 태평양전쟁이 끝나면서 한국 승려들이 세운 자그마한 사찰이다. 일본에서는 그리 알려지지 않은 무명 사찰로 한국 태고종(太古宗) 승려들이 운영, 관리하고 있다.

본당 불상 뒤에는 탱화가 있고 일부 불상은 일본식으로 배치되어 있다. 사찰 뜰에는 우리 경주 불국사의 종을 모방한 범종이 하나 걸려 있다.

이 지역에 한국계 사찰이 들어오게 된 사연은 마쓰모토(松本) 일대가 전략요충지로 태평양전쟁 당시 우리나라 사람들이 끌려와 지하 군사기지를 만들기 위하여 강제노역을 당한 곳이기 때문이다. 현지 주민들도 알지 못하는 곳에서 비밀 땅굴을 파며 영양실조와 질병으로 우리 동포가 많이 희생되었다고 하여 그들을 위로하면서 공양하기 위하여 세운 사찰이라고 한다.

1 공고지 대웅전 2 공고지 조선종(범종) 3 공고지 대웅전 내부
4,5 공고지 석상과 경내에 있는 장승 6 주지 취임식 기념사진

젠코지(善光寺)

★ 나가노현 나가노시 모토요시(元善)
☆ JR나가노역에서 젠코지행 1번 승차장 버스 이용
　버스정류장에서 젠코지 본당까지 도보로 10분

　젠코지는 나가노현 나가노시 모토요시 소재 무종파(無宗派) 단입(單立) 사원으로 일광삼존아미여래(一光三尊阿彌如來)를 본존(本尊)으로 모시고 있다. 본존은 본당 중앙에 모시는 것이 보통인데 젠코지 본존은 비불(秘佛)로 앞면 왼쪽 유리단에 깊숙이 모셔져 있으며, 본당 중앙 왼쪽 자리에 이 절의 본존을 가지고 왔다는 혼다 요시미쓰(本田善光)를 가운데 앉히고 오른쪽에 아들 요시스케(善佐), 왼쪽에 부인 야요이(彌生)를 앉혀 놓았다.

　젠코지 본존은 인도에서 백제를 거쳐 552년에 일본으로 전해진 일본 최고(最古)의 불상이다. 이 불상이 건너왔을 당시 일본에서는 숭불(崇佛)파와 이를 반대하는 폐불(廢佛)파가 있었는데, 폐불파가 득세함에 따라 부처님을 난바(難波)라는 개울에 버려 이것을 혼다 요시미쓰가 시나노(信濃, 지금의 나가노현) 이이다시(飯田市)로 가져와 모셨으며, 그 후 642년에 이것을 지금의 위치로 옮겨왔다고 한다.

　젠코지의 수수께끼는 본당 앞쪽에 앉아 있는 혼다 요시미쓰 부인의 앉은 자세다. 한쪽 무릎을 세운 자세는 우리나라 귀부인들의 앉은 자세로 백제 여자라는 말에 일본 사람들도 긍정적인 것 같다. 심지어 남편 혼다 요시미쓰도 백제 사람이라는 이야기까지 나오고 있다.

1 젠코지 본당 2 절에서 배포한 모조품 본존 사진
3 젠코지 산문(山門) 4 혼다 요시미쓰 가족상(오른쪽이 부인)

사도(佐渡)에 있는 조선종

★ 니가타현 사도시(佐渡市) 구치가와치(久知河內) 죠안지(長安寺)

☆ 니가타현 사도시 료쓰코(兩津港)에서 차로 약 15분

　사도시 구치가와치 죠안지(長安寺)에는 우리나라 종이 있다. 이 종이 여기까지 오게 된 경위는 후쿠이현 와카사(若狹) 앞바다에서 건져올린 종을 기증받았다고 하나 그것도 한반도에서 가져오다 풍랑에 빠트린 것 같다.

　이 종이 13세기경부터 있었다고 하니 그전에 주조(鑄造)된 것으로 추정되며, 종 위쪽은 용두(龍頭)와 그 옆에 원형 통이 하나 붙어 있고 종 몸통의 위아래에는 당초(唐草) 문양이 그려져 있는 것이 특징이다. 일본이 약탈하여 간 조선종은 현재 47개가 남아 있는데, 조선종의 아름다운 모습에 일본에서도 국가중요문화재로 지정 관리하고 있다.

　이 절에는 우리나라와 관련된 것이 하나 더 있다. 제작 시기(1586년)가 명확한 아미타사대보살상(阿彌陀四大菩薩像)이다. 작자는 알 수 없지만 아미타여래를 중심으로 네 보살이 둘러싸고 있는 그림이다. 조선 중기 불화(佛畵)의 하나로 힘찬 화법이 특징이며 미술사적 가치를 인정받고 있다.

　또 이 절 이웃에 고구려 왕족인 고니키시 잣코(王若光)를 모시는 시라히게(白髭) 신사가 있다. 이 사도(佐渡) 지역에서 도래계 불상과 스에키(질그릇) 등의 토기가 많이 나오는 것으로 보아 우리나라와 인연이 매우 깊은 곳임에 틀림없다.

1 죠안지 진입로　2 아미타사대보살상도　3 죠안지 본전
4 죠안지의 조선종　5, 6 죠안지 조선종의 용두(龍頭)와 당초 문양

다이린지(大林寺)

★ 미야기현 구리하라시(栗原市) 와카야나기(若柳)
☆ JR도호쿠신칸센(東北新幹線) 구리코마고겐(くりこま高原)역에서 나시자키(梨埼)
　버스 환승, 하우스크리닝구 와카야나기(ハウスクリーニング若柳) 하차

　다이린지는 안중근 의사가 중국 뤼순 감옥에 있을 때 사형 집행 당일까지 특별 간수로 근무하던 일본군 헌병 상등병 지바 도시치(千葉十七)의 보다이지(菩提寺, 조상의 묘와 위패를 모신 절)다. 지바 도시치는 안중근 의사와 뤼순 감옥에서 같이 생활하면서 안 의사의 조국애와 인격에 감명을 받아 1934년 49세에 세상을 떠날 때까지 우러러 사모하였으며, 유족에게도 그렇게 하도록 유언을 할 정도로 안 의사를 존경했다.

　안중근 의사는 1910년 3월 26일 처형되기 5분 전, 옥중에서 친절하게 보살펴 준 간수 지바(千葉)에게 감사의 뜻으로 '爲國獻身軍人本分'이라는 글을 써주었다. 그는 이 유묵(遺墨)을 가보처럼 보다이지 본당에 걸어놓고 세상을 떠날 때까지 합장하며 안 의사의 명복을 기원하였다. 유족에게도 유묵을 소중하게 공양하도록 부탁했다고 한다.

　이 유묵은 지바 일가족이 70여 년간 보존해 오다가 1979년 안중근 의사 탄신 100주년 되는 해 한국에 반환하여 지금은 대한민국 국보로 지정되어 있다. 그 뒤 1981년 안 의사 기일에 이 유묵을 현창비로 제작한 후 다이린지 경내에 세우고 매년 9월 첫째 일요일 추도재를 올리고 있다.

1 다이린지 입구 한글 안내판 2 지바 도시치 사진 3 다이린지 전경
4 안중근 의사 위패와 유묵 복사본 5 안중근 의사 현창비와 지바 묘비

미노스에고요세키군(美濃須衛古窯蹟群)

★ 기후현 가가미가하라시(各務ケ原市) 스에쵸(須衛町)
☆ JR도카이도혼센(東海道本線) 기후역에서 환승, 다카야마혼센(高山本線) 가가미가하라(各務ケ原)역 하차

미노스에고요세키군(美濃須衛古窯蹟群)은 기후현 세키시(關市) 남쪽에서 기후시 동쪽에 걸쳐 옛날 스에키(須惠器)를 굽던 가마터가 분포되어 있는 곳으로, 주변에서 도기 조각과 7세기와 8세기 사이에 만든 것으로 보이는 주거지 및 고분도 발견되었다.

스에키는 우리나라에서 도입한 제작 방법으로 만들어진 질그릇의 일종으로 이것이 발전하여 하지키(土師器)로 변화되었다.

미노(美濃) 지방에서 대규모 가마터가 발견된 것은 우리나라의 많은 도공들이 오사카를 비롯하여 이곳으로 집단 이주한 후에도 계속 가마를 운영하면서 스에키 생산을 독점하였던 것으로 본다.

이곳의 지명도 스에쵸(須衛町)라고 하는데, 스에키와 같은 '스에'라는 어의가 있는 것으로 스에키 생산지라는 뜻이 내포되어 있다는 것을 알 수 있다.

1 뎅구다니(天狗谷) 유적 옛 가마터 2 뎅구다니 유적지 내 고분 3 스에키

이나부치（稻淵）, 가야모리슈라쿠（栢森集落）

★ 나라현 다카이치군(高市郡) 아스카무라(明日香村) 이나부치(稻淵), 가야모리(栢森)
☆ 긴테쓰가시하라진구마에(近鐵橿原神宮前)역 하차 동쪽 출구에서 아스카(飛鳥)
　　주유(周遊)버스로 환승 25분 소요

　　이나부치, 가야모리슈라쿠는 나라현 아스카무라에 있는 아스카가와(飛鳥川) 최상류 산골짜기에 있는 마을이다. 이 마을 안에 가야나루노미코도(加夜奈留美命) 신사가 있다. 이 마을은 여러모로 살펴보았을 때 한반도 가야(加倻)에서 온 도래인에 의하여 이루어진 곳이다. 가야나루노미코도 신사는 요시노(吉野) 쪽에서 들어오는 액(厄)을 막는다고 하지만, 이 신사의 이름으로 보아 가야계의 신으로 보고 있다.

　　가야모리슈라쿠 마을 하류의 이나부치에도 한반도 도래인들이 많이 살았는데 거기에 일본 사람들이 존경하는 미나부치노 쇼안(南淵請安)의 묘가 있다. 그는 한민족 도래인으로 608년 견수사 학문승(學文僧)에 뽑혀 중국 수(隨)나라에 가서 32년 동안 유교를 배우고 640년에 일본으로 다시 돌아온 사람이다. 당시 견수사(遣隋使)나 견당사(遣唐使) 등은 주로 학식을 갖춘 한반도 출신들이 독점했다.

　　그는 일본으로 돌아온 후 나카노오에노오지(中大兄皇子)와 나카토미노가마코(中臣鎌子) 등에 유학(儒學)을 가르쳤으며, 일본의 정치개혁에도 큰 영향을 미쳤다.

1 가야모리슈라쿠 원경　2 가야나루노미코도 신사 배전(拜殿)
3, 4 미나부치노 쇼안의 사당과 묘비　5 이나부치 마을(우리나라 농촌 다락논 풍경과 같다.)

오미아시(於美阿志) 신사

★ 나라현 다카이치군 아스카무라

☆ 긴테쓰요시노센(近鐵吉野線) 아스카역에서 남동쪽으로 약 1km

오미아시 신사는 백제인의 씨족 야마토노아야씨(東漢氏)의 우지데라(氏寺, 씨족 조상들을 모신 절) 터에 자리 잡고 있다. 신사 경내에는 히노구마데라아토(檜隈寺址) 13층석탑(현재는 11층만 있고 위 2개 층은 유실되었음)도 남아 있다.

이 신사는 야마토노아야씨의 시조 아치노오미(阿知使主) 부부를 제신(祭神)으로 모시고 있다. 아치노오미는 우리나라 마한(馬韓) 북쪽의 가야 사람으로 290년 아들 쓰카노오미(都加使主)와 7성(朱·李·多·皀郭·皀·段·高)의 씨족을 거느리고 일본으로 건너와서 다카이치군 아스카무라 남쪽 히노구마(檜隈) 지역에 자리 잡고 많은 활동을 하였다.

이곳 주민들은 그의 은덕을 추모하기 위하여 지금도 오미아시 신사의 제신(祭神)으로 모시고 있다. 1979년부터 히노구마데라아토를 발굴 조사한 결과 히노구마데라 대웅전을 비롯하여 고도(講堂) 기단과 탑, 출입문, 회랑, 불당 등의 유적을 많이 찾아냈다.

가람 배치는 탑 북쪽에 고도가 있고 남쪽에 대웅전을 둔 특이한 구조이며, 기단은 한반도 사원에서 많이 볼 수 있는 와적기단(瓦積基壇) 공법을 사용해 일본 사학자들도 한반도 도래계 씨족과 관계가 있는 것으로 인정하고 있다. 이밖에 발굴된 기와를 통하여 건물을 지은 연대가 7세기 후반부터 8세기 초라는 것도 알 수 있게 되었다.

1 히노구마데라아토 13층 석탑 2 히노구마데라아토 본전 3 히노구마데라 강당터 안내판
4 기와로 쌓은 와적(瓦積) 기단 5, 6 오미아시 신사 배전(拜殿)과 그 뒤에 있는 야마토노아야씨 사당

난바이케(難波池)와 고겐지(向原寺)

★ 나라현 다카이치군 아스카무라

☆ 긴테쓰가시하라진구마에(近鐵原神宮前)역에서 오카데라마에(岡寺前)행 버스 환승,
도요우라(豊浦) 하차

고겐지(向原寺) 바로 옆에 난바이케(難波池)라는 연못이 있다. 이 연못은
사실 인공으로 파놓은 도랑이다.

이 연못이 유명해진 것은 《일본서기(日本書記)》에 540년 10월 백제 성명
왕(聖明王)이 보낸 금동석가불(金銅釋加佛)을 소가노 이나메(蘇我稻目)라는 사
람이 자기 집에 안치하고 일본 최초의 고겐지라는 절을 만들었는데, 당시
일본에는 부처님을 숭배하려는 사람과 불교를 배척하는 집단이 있어 배
척 집단의 모노노베노 오코시(物部尾興)라는 사람이 고겐지를 불사르고 금
동석가불은 난바이케에 던져 버렸다는 것이다.

그 후 이곳을 지나던 시나노쿠니(信濃國, 현재 나가노현)에 사는 혼다 요시
미쓰(本田善光)라는 사람이 이 부처를 발견하고 지금의 나가노시(長野市)로
가져와 젠코지(善光寺)를 건설한 후 이 사원의 본존으로 모셨다는 것이다.

1 고겐지 입구 2 고겐지 본당 3 고겐지 경내 4 난바이케 유래 현지 간판 5 난바이케 정면

아스카데라(飛鳥寺)

★ 나라현 다카이치군 아스카무라

☆ 긴테쓰가시하라진구마에(近鐵橿原神宮前)역에서 오카데라마에(岡寺前)역 행
  나라(奈良) 교통버스로 환승

아스카데라는 일본 아스카(飛鳥) 시대 귀족정치 권력자인 소가노 우마코
(蘇我馬子)라는 사람이 588년 우리나라 백제로부터 부처의 사리(舍利)를 받
고 사원 건립을 발원하여 596년에 세운 일본 최초의 사원이다.

이 절을 짓기 위하여서는 일본보다 선진문화국이었던 백제의 인적 원조
가 필요하여 소가씨(蘇我氏) 요청을 받고 백제 위덕왕(威德王)이 승려와 기
술자들을 많이 보냈다고 한다.

일본 역사책《일본서기》에 기록된 파견 기술자들은 다음과 같다.

- 승려(僧侶) : 令照

- 율사(律師) : 令威, 惠象, 惠宿, 道嚴, 令開

- 사공(寺工, 사원건축기술자) : 太羅未太, 文賈古子

- 로반博士(불탑의 상륜[相輪] 부분 기술자)

- 주조기술자 : 將德, 白日未淳

- 와(瓦)博士(기와 기술자) : 麻那文奴, 陽貴文, 布陵貴, 昔麻帝彌

- 화공(畫工, 칠 기술자) : 白加

1 아스카데라 입구 2 아스카데라 현지 안내판
3 아스카데라 본당 앙고인(安居院) 4 간코지(元興寺) 전경(지붕에는 백제기와가 있다.)

　이들은 아스카데라 건축을 지도한 사람들인데 이후 일본 각지의 사원 건축을 지도하면서 제자들을 양성하여 일본 사찰 건축에 많은 영향을 주었다.

　아스카 사원은 호코지(法興寺) 또는 간코지(元興寺)라는 두 이름을 사용하고 있다. 창건 당시 장대(壯大)한 가람의 모습은 887년과 1196년 2차에 걸쳐 벼락이 떨어져 본당은 불타 없어졌고, 호코지 중금당(中金堂) 터에 앙고인(安居院)이라는 작은 사원만 남아 그 안에 아스카데라의 본존인 아스카 대불(飛鳥大佛)만 봉안하고 있다.

　이 아스카 대불도 백제에서 마구(馬具)를 제작하기 위해 건너온 도리붓시(止利佛師)라는 사람이 만들었다고 하며, 일본에서 연대를 알 수 있는 불상으로는 이 대불이 가장 오래된 것이라고 한다. 이밖에도 아스카데라에서 사용된 건축자재나 백제 사람이 만들었다고 하는 기와 등은 간코지를 건축하는 데 사용되었다고 한다.

아스카 대불

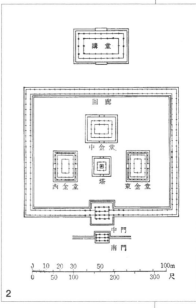

1 아스카 시대 와당 2 아스카 복원 평면도 3 아스카 종루

이소노가미(石上) 신궁

★ 나라현 덴리시(天理市) 후루쵸(布留町)
☆ JR긴테쓰(近鐵) 덴리(天理)역에서 동쪽으로 1.2km

이소노가미 신궁은 일본에서 가장 오래된 역사 깊은 신사의 하나다. 이 신사와 우리나라가 인연을 갖게 된 것은 이곳에 백제가 만든 철제 칠지도(七支刀) 한 자루가 보관되어 있기 때문이다.

이 칠지도 양면에는 61개 문자가 금상감명문(金象嵌銘文)으로 새겨져 있는데, 이 내용을 확인한 결과 칠지도를 백제에서 만들었고 369년 왜국(倭國)으로 보내졌다는 유래가 명기(明記)되었음이 확인되었다.

또 《일본서기》에도 372년(일본의 神功皇后 52년) 9월 백제와 왜국이 동맹 기념으로 나나쓰고노가가미(七子鏡, 거울) 한 개와 칠지도 칼 한 자루를 백제에서 보내왔다는 기록이 있다. 우리나라에서 보냈다는 연대와 비슷한 점으로 보와 백제 칠지도가 분명하다.

이 칠지도는 모양으로 보아 무기라기보다는 제사용으로 보고 있다. 현재 일본 국보로 지정되어 있으나 공개를 하지 않아 볼 수는 없다. 이 칠지도는 다른 유품과 같이 고분(古墳) 등에서 부장품으로 나온 것이 아니고 이소노가미 신궁 창고에서 보물로 전해져 온 것이라는 데 큰 의의를 지니고 있다.

1 이소노가미 신궁 입구 2 이소노가미 신궁 도리이 3 이소노가미 신궁 배전(拜殿)
4 이소노가미 신궁 전시실 칠지도 5 칠지도 표면 일부 6 칠지도에 새겨졌다는 글자

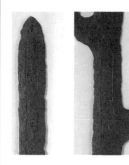

(위)

泰■四年■月十六日丙午正陽造百鍊■七支刀
■避百兵宜供供(異體字, 尸二大)王■■■■作

(아래)

先世(異體字, 口人)來未有此刀百濟■世■奇生
聖(異體字, 音 또는 晋 위에 点)故爲(異體字,
尸二大)王旨造■■■世

온조지(園城寺)

★ 시가현 오오쓰시(大津市) 온조지쵸(園城寺町)

☆ JR니시니혼도카이도혼센(西日本東海道本線) 오오쓰(大津)역에서 게이한(京阪) 버스로
환승, 미이데라(三井寺) 정류장에서 도보로 약 10분

온조지, 일명 미이데라(온조지의 옛 이름)는 672년 일본 황족 간의 왕권 다
툼에서 패하여 죽은 오토모노미코(大友皇子)의 아들이 자기 아버지의 명복
을 빌기 위하여 세운 절이다. 여기 오토모노미코의 성인 오토모(大友)는 백
제 사람 후예의 성씨(姓氏)라고 한다.

절 중심 가람 북쪽 500m쯤 떨어진 곳에 미이데라 수호신이라는 신라묘
진(新羅明神)을 모신 신라젠(新羅善) 신당 건축물 하나가 있다. 이 건축물은
당나라에 유학하였던 엔진(圓珍, 도래인이라고도 함)이라는 사람이 일본으로
돌아올 때 폭풍을 만나 부처님에게 기도를 하는데 배 안에서 신라묘진이
라는 노인이 나타났다고 한다. 이 신라묘진은 온조지와 인연이 깊은 백제
계 오토모씨의 수호신이었다는 설도 있다.

1 온조지 입구 2 온조지 대웅전 3 신라젠(新羅善) 신당 전경

조선인의 길(朝鮮人街道)

★ 시가현 야스시(野洲市) 유키하다(行畑), 히코네시(彦根市) 도리이모토(鳥居本)

☆ JR니시니혼도카이도혼센(西日本東海道本線) 야스(野洲)역, 오미데쓰도혼센(近江鐵道
本線) 도리이모토역 하차

　조선인의 길(朝鮮人街道)은 오오미(近江)를 종단하는 나카센도(中山道) 중에서 야스(野洲)로부터 도리이모토쥬쿠(鳥居本宿) 사이의 도로를 말한다. 조선통신사가 임진왜란 이후 1607년에 처음 건너갔고, 그 후 200년 동안 12번 일본을 들렀는데 이 길을 11번 지나갔다고 하여 지어진 이름이다.

　조선통신사 일행이 일본에 왔을 때 숙소로 쓸 만한 큰 여관이 없었으므로 지위가 높은 삼사(三使)는 혼간지(本願寺) 하치만(八幡) 별원(別院)에서 머물고 나머지 수행원들은 주로 절이나 상가 등에 나누어서 지냈다고 한다. 삼사가 머무는 히코네(彦根) 쇼안지(宗安寺)에는 정문과 따로 구로몽(黑門)이라는 출입문이 있다. 이 문은 사찰에 온 외국 손님을 대접하기 위하여 고기 등 승려들이 안 먹는 금기(禁忌) 음식 재료들을 들여올 수 있도록 만든 것이라고 한다.

　조선통신사 행렬은 대단하여 한 번 행사에 소요된 예산만도 6천만 엔 이상이었다는 기록이 있다. 이때 조선통신사가 쉬어간 곳에서는 삼사(三使)와 수행원들이 기념으로 써준 글과 통신사 일행의 초상화, 사찰액자 등 많은 유품이 남아 있다.

黒　門

江戸時代、日本は李氏朝鮮と国交を開いており、李王朝からの使者である通信使一行数百名は幕府への往来途中この彦根に泊まり、特にこの宗安寺は、その正使ら高官の宿泊所となった。この黒門は、その時の御駈走搬入の勝手口に使われたと伝えられている。

1 조선인의 길 시작점 2 조선인의 길 표지석과 현지 안내판
3 조선인의 길 새로운 도로 4 삼사(三使)의 숙소 쇼안지 정문 5 쇼안지 구로몽(黑門) 현지 안내판

고마사카(狛坂) 마애불

★ 시가현 릿토시(栗東市) 아라하리(荒張) 근처
☆ JR비와코센(琵琶湖線) 구사쓰(草津)역 동쪽 출구 데이산고난(帝産湖南) 교통버스로
　환승, 키류센(桐生線) 종점 가미키류(上桐生) 하차

　고마사카 마애불은 곤제산(金勝山) 중턱 오츠시(大津市)와 경계지점에 있으며 화강암 바위 암벽에 삼존불(三尊佛)을 조각하여 놓은 것이다. 높이 약 6m, 폭 3.6m 바위 벽면에 높이 3m, 얼굴 폭 70cm의 아미타여래 좌상을 중존(中尊)으로 하고, 그 양옆에는 관음보살과 세지보살을 시립한 형태이며 주위 공간에 12불상을 새겨 놓았다.

　이 마애불 중존의 너글너글한 모습과 아랫볼이 불룩한 얼굴에 큼직한 눈, 코 등으로 보아 통일신라시대 한반도에서 건너간 도래인의 작품으로 추정된다.

　이곳 마애불이 있는 곤제산은 화강암 노출이 많아 우리나라 경주 남산을 연상케 할 뿐더러, 마애불도 경주 남산의 칠불암마애삼존불상(七佛庵磨崖三尊像)과 같은 작품인 것으로 보아 한반도 도래인의 작품이 확실하다.

1 고마사카 마애불
2 고마사카 마애불 중존

이시도지(石塔寺)

★ 시가현 히가시오미시(東近江市) 이시도쵸(石塔町)

☆ JR비와코센(琵琶湖線) 오미하치만(近江八幡)역에서 오미(近江) 버스로 환승,
　이시도쿠치(石塔口) 하차

　이시도지는 천태종 사원이다. 이시도지 이름 그대로 사찰 경내에는 3층 석탑(아쇼카왕 탑이라고도 함)을 중심으로 수만 기의 석탑과 석불이 늘어서 있다. 이 사원이 있는 가마우(蒲生) 일대는 백제에서 망명해 온 사람들이 특히 많았던 지역으로, 햐쿠사이지(百濟寺) 및 기시쓰(鬼室) 신사와 같은 백제계 도래인들의 유적이 많다.

　이 사찰 중앙에 있는 탑은 높이가 7.5m나 되며 일본에서 가장 오래되고 최대급에 속하는 3층 석탑으로 유명하다. 이 석탑의 양식은 일본 각지에 있는 중세 이전 석탑 양식과 전혀 다르며, 오히려 한반도 정림사(定林寺) 3층 석탑과 같은 백제 양식과 유사하다.

　이시도지 산문(山門) 앞에는 얼마 전까지 햐쿠사이노 야카다(百濟の館)라고 벽에 쓴 건물이 있었으나 지금은 그 글씨가 흔적도 없이 사라지고 건물만 남아 있다.

1 이시도지 입구　2 이시도지 산문(山門)　3 이시도지 3층 석탑　4 경내의 오륜탑과 석불군
5 경내 석탑　6, 7 '百濟の館' 글씨가 쓰여 있던 건물과 글씨가 사라진 건물

기시쓰(鬼室) 신사

★ 시가현 가모군(蒲生郡) 히노쵸(日野町) 고노(小野)
☆ 오미데쓰도(近江鐵道) 사쿠라가와(櫻川)역 하차

 기시쓰 신사는 백제 도래인 기시쓰 슈시(鬼室集斯)를 주제신(主祭神)으로 모시고 있는 곳이다. 기시쓰 슈시는 7세기 백제 귀족으로 백제 부흥운동을 하다 죽은 기시쓰 후쿠신(鬼室福信)의 아들이다. 그는 663년 백마강에서 나당연합군과 싸우다 패한 후 가족과 많은 백제 사람들을 일본으로 데리고 와 오미(近江) 가모군(蒲生郡)에 정착했다.

 기시쓰 슈시는 백제에서 좌평(佐平, 16품 관직 중 최고위직)이란 벼슬을 하였던 사람으로 일본에 와서도 그의 경력을 인정하여 일본 조정에서 소금하(小錦下, 5등관)란 벼슬을 주고 관직에 종사케 하였다.

 이 신사 본전 뒤에는 돌로 만든 작은 사당이 있는데 그 안에 팔각석주(八角石柱)가 있다. 석주 정면에는 '鬼室集斯墓'라고 쓰여 있고 오른쪽 면에는 '朱鳥三年戊子十一月八日歿', 왼쪽 면에는 '庶孫美成造'라고 쓰여 있다.

 기시쓰 슈시의 아버지 기시쓰 후쿠신은 충청남도 부여군 은산면에 은산별신당이라는 당을 세워 거기에 모시고 있으며, 일본의 히노쵸(日野町)와 은산면은 자매결연을 맺고 도시 간 교류도 활발히 진행하고 있다.

1 기시쓰 신사 입구 표지 2 기시쓰 신사 전경 3 기시쓰 신사 경내 팔각정
4 기시츠 신사 경내 무궁화 5 기시쓰 슈시 묘비가 있는 돌 사당

오미노미야(近江宮)

★ 시가현 오쓰시(大津市) 니시코리(錦織)
☆ 게이한이시야마사카모토센(京阪石山坂本線) 오미진구마에(近江神宮前)역에서 도보로
   5분 또는 JR니시오쓰(西大津)에서 도보로 10분

오미노미야는 7세기 일본 덴지(天智) 천황이 살던 궁궐로 오미오쓰노미
야(近江大津宮) 또는 오쓰노미야(大津宮)라고 부른다. 오미노미야는 667년
나카노오에노오지(中大兄皇子)가 아스카(飛鳥)에서 옮긴 궁으로 그는 여기에
서 천황에 즉위하였지만 그가 죽은 후 겨우 5년간의 도읍으로 끝났다.

당시 우리나라는 660년 나당연합군에 의해 백제가 망한 때여서 일본의
나카노오에노오지는 백제 사람과 연합하여 백제 부흥을 강력히 지원하고
자 백마강 전투에까지 일본 군대를 보냈으나 663년 크게 패하고 일본으로
되돌아왔던 것이다.

이 전쟁의 패배는 나카노오에노오지 정권의 큰 실책이었으며 파병군이
돌아온 후에도 일본으로 쫓아오지 않을까 하는 두려움에 도읍을 옮기고
세토 내해 경비를 강화하였다. 이곳은 백제 도래인들이 장악하였던 주요
교통요소로 덴지 천황은 도래인의 힘을 빌리려 하였던 곳이며, 오미노미
야는 국제 사정과 국내 사정에 의해 세워진 궁이었다고 볼 수 있다. 그 후
672년 임신(壬申)의 난이 일어나면서 도시가 황폐화된 이래 오미노미야 건
물의 위치조차도 찾지 못하다가 1965년경 궁터 윤곽과 유구 등이 발견되
어 1974년부터 본격적으로 발굴 조사를 하고 있다.

1 오미오쓰노미야 궁궐터 유적 1 2 오미오쓰노미야 유적지 비석 3 오미오쓰노미야 궁궐터 유적 2
4 오미오쓰노미야 제4유적지(주택지 내)

오쓰(大津) 북쪽 교외 고분군

★ 시가현 오쓰시 시가사토(滋賀里)
☆ 게이한이시사카센(京阪石坂線) 시가사토역, 아노오(穴太)역 하차

오쓰 북쪽 주변 고분군은 오쓰시(大津市) 니시코리(錦織)에서 사카모토(坂本)에 이르기까지 1500년 전부터 밀집된 고분군 지역으로 현재 30기가 넘는 고분이 남아 있다. 이곳 고분군에는 모두 1,000여 기가 넘는 고분이 있었던 것으로 조사되었으며, 유명한 고분군으로 횡혈식(橫穴式) 석실 소원분(小圓墳)이 100기가 넘는다고 하여 햐케츠(百穴) 고분군이라고도 불린다.

고분군의 규모가 가장 큰 것으로 180여 기의 고분이 발견된 아노노조에(穴太野添) 고분군을 들 수 있으며, 또한 이곳 고분들의 특징으로는 다른 곳의 횡혈식 고분과는 달리 현실 벽 4면을 수직으로 돌을 쌓지 않고 천장으로 올라갈수록 안쪽으로 기울게 쌓아 올린 돔 형태이며, 위 천장은 큰 돌 1개 또는 2개를 얹어 석실을 만들었다는 것이 특징이다.

그리고 석실 바닥도 장방형이 아니고 정방형이나 옆으로 된 장방형이며, 이곳 고분에서 나온 부장품들은 대부분 백제 고분에서 많이 나오는 소형 취사용구와 질그릇 등의 토기류, 금동제 마구(馬具) 장식, 토우(土偶) 등인 것으로 백제에서 온 도래인들의 공동묘지로 추정되고 있다.

1 고분 석실 내부 2 고분군 출토 부장품 토기 3, 5 고분군 출토 부장품 취사용구
4 고분 석실 천장 6 고분 출토 부장품 마구(馬具) 7 고분 석실 바닥

햐쿠사이지(百濟寺)

★ 시가현 히가시오미시(東近江市) 햐쿠사이지쵸(百濟寺町)
☆ JR비와코센(琵琶湖線) 오미하치만(近江八幡)역에서 오미데쓰도(近江鐵道) 환승,
　요카이치(八日市)역 하차

　햐쿠사이지는 오미(近江) 지방에서 가장 오래된 사찰로, 606년 10월 21일 일본의 쇼토쿠 태자(聖德太子)가 백제 사람들을 위하여 오시다테산(押立山) 중턱에 백제 용운사(龍雲寺, 지금은 없음)를 모방하여 지었다. 용운사의 본존과 햐쿠사이지의 본존은 나무 하나에서 만들어진 부처라고 하여 동목이체(同木二體) 11면관세음보살이라고 한다. 이 절에 고구려 고승 혜자(惠慈) 스님을 비롯하여 도흠(道欽) 스님과 달력을 전하였다는 관륵(觀勒) 스님 등이 상당기간 머물기도 했다.

　또 햐쿠사이지 산문(山門)에서 400m쯤 돌담길을 끼고 올라가면 기겐인(喜見院)이라는 지천회유식(池泉回遊式) 정원이 있는데, 그 정원 위쪽 산에 백제 고향을 멀리서 바라볼 수 있다는 전망대가 있다. 여기서 서쪽을 바라보면 일본에서 유명한 히에이산(比叡山)이 보이고, 그 너머 멀리 880km를 더 가면 백제가 있다면서 눈물을 흘렸을 망향대(望鄕臺)다.

　햐쿠사이지는 위도가 한반도 백제와 같은 북위 35도 선상에 지었다고 하여 기적의 배치라고 말하는 사람도 있다. 햐쿠사이지 입구 산문 양쪽에 커다란 짚신을 매달아 놓았는데, 이것은 산문을 지키는 금강역사(金剛力士)의 신발이라고 한다.

1 햐쿠사이지 경내 기겐인(喜見院)과 정원 2 햐쿠사이지에 남아 있는 천년생이라는 보리수
3 햐쿠사이지 본전 4 햐쿠사이지 산문과 짚신 5, 6 햐쿠사이지 금동미륵상과 11면관세음보살상
(NHK ここの佛像嚴選 자료)

미미츠카(耳塚)

★ 교토후 교토시 히가시야마구(東山區) 챠야쵸(茶屋町) 야마토(大和)대로 미미츠카
  아동공원 내

☆ 교토역에서 시내버스 100, 206, 208번을 타고 하쿠부츠칸(博物館), 산쥬산겐도마
  에(三十三間堂前)에서 도보로 10분

미미츠카(귀무덤)는 도요토미 히데요시(豊臣秀吉)가 임진왜란과 정유재란
두 번에 걸쳐 우리나라를 침공하였을 때 어린이를 포함한 민간인과 중국
명나라 군대의 죽은 사람 코와 귀를 베어 소금이나 술에 절여 일본으로
가지고 가서 전공(戰功) 심사를 받은 후 묻은 곳으로 미미츠카 또는 하나츠
카(鼻塚, 코무덤)라고 부른다.

이 무덤에는 우리 동포 약 2만 명의 코와 귀가 묻혀 있다고 하며, 무덤
봉분의 높이는 약 7m나 되고 봉분 위에 오륜탑을 세워 불교 공양의식은
갖추어 놓았다.

이 무덤은 한민족의 끈질긴 저항으로 전쟁은 끝났지만 전쟁의 슬픈 역
사를 전하는 증거물이라고 할 수 있다.

1 미미즈카가 있는 공원 입구 2 미미즈카 전경

하다씨(秦氏)와 우즈마사(太秦)

★ 교토시 우쿄구(右京區) 우즈마사(太秦)

☆ 게이호쿠전차(京福電車) 아라시야마센(嵐山線) 우즈마사역, 가이코노야시로(蠶の社) 역, 고류지(廣隆寺)역 하차

　하다씨족은 5세기경 한반도에서 건너간 도래인이다. 직조(織造), 양잠(養蠶), 주조(酒造), 농업용 관개(灌漑) 기술 등 우수한 기술을 갖춘 거대 씨족으로 일본 문화의 기반을 바꾸어 놓은 한민족이다.

　1,300년 전 일본 조정에서 양잠을 적극 권장하기 위하여 뽕나무가 잘 자라는 곳에 하다씨 일가를 정착하도록 한 뒤 이곳을 우즈마사(太秦)라고 하였으며, 여기에는 하다씨와 관련된 유적들이 많이 남아 있다. 그중 유명한 것으로 하다씨의 수장(首長) 하다가와 가츠(秦河勝)가 쇼토쿠 태자로부터 받은 불상을 본존으로 안치하기 위해 603년에 창건하였다는 고류지(廣隆寺)와 하다씨와 인연이 깊은 가이코노야시로(蠶の社), 그리고 헤비츠카(蛇塚) 고분 등이 유적으로 남아 있다.

　특히 고류지의 영보전(靈寶殿)에는 우리나라 소나무로 만든 일본 국보 미륵보살반가사유상 불상이 있는 곳으로 유명하다. 일본에서 만든 불상들은 모두 녹나무로 만들어졌으므로 소나무로 만든 부처는 한반도에서 온 것이라고 한다. 이 밖에 헤비츠카 고분도 하다씨의 수장(首長) 하다가와 가츠의 무덤으로 관광지가 되어 있는 곳이다.

1, 2 고류지 정문과 본당 3 헤비츠카 고분 4, 5 고류지 영보전과 미륵보살반가사유상

료안지(龍安寺) 후스마에(襖繪)

★ 교토시 우쿄구(右京區) 료안지 고료노시타쵸(龍安寺御陵ノ下町)
☆ 교토역에서 사가노센(嵯峨野線)으로 이동하여 가메오카(龜岡)행 전차로 환승,
　우즈마사(太秦)역에 내려 교토시영버스로 료안지 앞 하차

　료안지 본당이라고 할 수 있는 주지(住持)의 방장(方丈) 앞 세키데이(石庭)로 유명한 사찰이다. 또 이 절 주지의 방안에 있는 후스마에(장지문 그림)로도 유명하다.

　모든 장지에 그림이 있는데 그 가운데 금강산이 그려져 있는 것이 있다. 이 금강산 그림은 교토 화가 사츠키 가쿠오(皐月鶴翁)라는 사람이 그린 것으로, 1926년부터 1942년까지 18차례나 금강산을 다녀와서 1953년에 그림을 그리기 시작한 후 5년 만인 1957년에 완성했다고 한다.

　이밖에도 료안지 경내에는 와비스케(侘助)라는 사람이 임진왜란 때 우리나라에서 가져왔다는 동백의 일종인 꽃나무 한 그루가 있다. 이 꽃나무는 그 사람의 이름을 붙여 와비스케라고 부른다.

1 료안지 산문 2, 3 료안지 주지의 방장과 내부 장지 그림 4 그림 안의 금강산 찬양 한시(漢詩)
5 료안지 주지의 방장 앞 석정(石庭) 6 일본에서 개량한 와비스케 꽃

오사카부 츠루하시(鶴橋)역 주변

★ 오사카시 덴노지구(天王寺區) 시모아지하라쵸(下味原町) 일대
☆ 오사카 환상선(環狀線), 긴테츠센(近鐵線), 지하철 츠루하시역 하차

　오사카 츠루하시역 주변은 태평양전쟁이 끝난 후 재일동포들이 이루어 놓은 코리아타운이다. 이 역 주변에 불고깃집 등 한국 음식점들이 몰려 있으며, 특히 저녁에 긴테츠센(近鐵線) 정거장 홈 안까지 불고기 냄새가 스며들어 일본의 냄새로 유명한 곳 '가오리후케이(かおり風景) 100선(選)' 가운데 하나로 선정되기도 했다. 이곳에는 음식점 외에도 우리나라 기구(器具)나 공예품, 의상, 식료품점들이 밀집되어 있어 '이쿠노코리아타운(いくのコリアタウン)'이라고 부른다.

　이 지역의 옛 이름은 이카이노(猪飼野)인데, 그 유래는 이곳에 백제 사람들이 많이 와서 돼지를 길렀기 때문이다. 츠루하시는 오사카 히가시나리구(東成區)와 이쿠노구(生野區) 사이를 흐르는 히라노가와(平野川)에 걸쳐 있던 다리 이름이다. 이 하천도 옛날에는 구다라가와(百濟川)라고 불렀으며 그 하천 위에 세워진 다리 이름이 츠루하시다.

　1910년 한일합병이 되고 1922년부터 1945년 태평양전쟁이 끝날 때까지 제주도와 오사카를 잇는 기미가요마루(君が代丸)라는 선박이 취항했으며, 이를 계기로 우리나라 사람들이 일본으로 건너와 조선시장을 형성하여 일본 최대의 한국인 집단지가 되었다.

1 코리아타운 입구 2 코리아타운 상가 거리 3, 4 코리아타운의 김치 가게와 한복 가게
5 옛 기미가요마루(君が代丸) 화객선

이치스카(一須賀) 고분군

★ 오사카 미나미가와치군(南河內郡) 가난쵸(河南町) 히가시야마(東山),
　이치스카(一須賀), 다이시쵸(太子町) 하무로(葉室) 일대 구릉

☆ 긴테츠나가노센(近鐵長野線) 기시(喜志)역에서 콩고(金剛) 버스 한난(阪南)
　네오포리스행 종점 하차

　이치스카 고분군은 6세기 중반에서 7세기 초에 걸쳐 만들어진 고분 집단지로 1.5km² 구역 안에 200여 기의 고분이 있다.

　고분 대부분은 직경이 6m 내지 20m이고, 높이는 0.5m 내지 4m 전후의 원분(圓墳)이며 고분 내부의 대부분이 횡혈식 석실로 되어 있다.

　고분 석실의 구조 형식이 낮은 상면(床面)이고 고분에서 나온 부장품들은 우리나라 고분에서 많이 나오는 금동제(金銅制) 신발이나 질그릇 토기, 순금 귀고리, 유리 구슬, 철제 칼, 기타 취사용 생활용품 등으로 백제에서 온 도래인들의 공동묘지로 추정된다.

　여기에서 멀지않은 곳에 백제인들이 집단으로 거주하였다는 아스카베군(飛鳥戸郡)이 있었던 것도 백제인의 공동묘지라는 것을 더욱 뒷받침하고 있는 것이다.

1 이치스카 고분군 전경　2 고분 4호 횡혈식 석실　3 고분 9호 석실과 복원된 석관
4 고분 7호 횡혈식 석실 바닥　5, 6 금제 귀고리와 은제 비녀　7 복원해 놓은 금동제 신발

모리모토(杜本) 신사

★ 오사카 하비키노시(羽曳野市) 고마가다니(駒ケ谷)

☆ 긴테츠고마가다니(近鐵駒ケ谷)역에서 동쪽으로 약 300m

오사카 하비키노시에 있는 모리모토 신사는 현재 제신(祭神)으로 후지와라(藤原) 씨족 조상의 신을 모시고 있지만, 후지와라씨 융성기에 제신을 바꿔 놓은 것이다. 본래는 헤이안(平安) 초기 백제에서 온 도래인 구다라노스구네나가츠구(百濟宿祢永繼)와 그의 조상 아스카베씨(飛鳥戸氏)를 제신으로 모신 신사였다. 그 사실은 하비키노시(羽曳野市)가 현지에 세워 놓은 안내판에도 쓰여 있다.

이 지방 옛 이름은 아스카베군(安宿部郡)이라 불렀고, 이 지역은 백제에서 온 도래인들이 많이 살았던 곳이다. 모리모토 신사 본전 앞에는 우리나라 경주 고분의 호석(護石) 십이지(十二支) 석인상(石人像)과 같은 하야토이시(隼人石)라는 인신수면석상(人身獸面石像) 한 쌍이 서 있다. 자연석에 그림을 새겨 넣은 것으로 높이는 약 1m, 폭은 약 50cm로 우리나라 석상과 같이 보인다.

1 모리모토 신사 입구 2 모리모토 신사 배전(拜殿) 3,4 하야토이시(隼人石)

지쿠린지(竹林寺)와 김한중(金漢重) 묘비

★ 오사카 니시구(西區) 혼덴(本田)
☆ 오사카시 지하철 쥬오센(中央線) 구죠(九條)역에서 도보로 8분

　오사카에서 조선통신사의 숙소 객관은 니시홍간지츠무라베츠인(西本願寺津村別院) 기타미도(北御堂)였다. 조선통신사 일행 가운데 100여 명의 수행원은 오사카에 남게 되는데, 그들은 일본 사람과 접촉은 물론 육지로도 올라오지 못하게 하여 배 안에서만 지내야 했다. 그래서 1748년부터 그들을 위해 오사카후나반쇼부쿄(大阪船番所奉行)가 지쿠린지에서 소연을 베풀고 일행을 위로했다고 한다.

　이 지쿠린지는 1649년에 지어진 정토종(淨土宗) 사원으로 오사카 요도가와(淀川) 하구에 있어 조선통신사 일행과는 인연이 많은 곳이다. 이 사원 경내에 조선통신사 수행원이었던 김한중이라는 사람의 묘비가 있다.

　그는 경상남도 동래부 초량 사람으로 1764년 도쿠가와 이에하루(德川家治)의 취임을 축하하기 위해 11번째 통신사와 함께 수행원으로 일본에 왔다가 갑자기 발병하여 귀국하지 못하고 지쿠린지 객전(客殿)에서 일본 의원의 극진한 간호를 받았으나 그해 2월 10일 사망했다. 그 후 시신은 같은 해 5월 이전에 이곳에서 사망한 이광하(李光河), 최천종(崔天宗)의 시신과 함께 고국으로 보내졌다고 한다. 이 절에 세워진 묘비는 사원에 남은 고인의 유발(遺髮)과 기타 유품을 매장한 후 세운 것으로, 지금은 일본 에도(江戶)의 명소 한인총(韓人塚)으로 알려져 있다.

1, 2 지쿠린지 종루문과 본전   3, 4 지쿠린지 경내 김한중(金漢重) 묘비와 측면 글씨

구다라오(百濟王) 신사

★ 오사카 히라카타시(枚方市) 나카미야니시노쵸(中宮西之町)
☆ 게이한가타노센(京阪交野線) 미야노사카(宮之阪)역에서 도보로 10분

구다라오 신사는 구다라노고니키시씨(百濟王氏)의 조상을 제사지내는 곳이다. 현재 이 신사에서 모시는 제신(祭神)은 백제국왕(百濟國王)과 스사노오노미코토(須佐之男命)다. 이곳 구다라오 신사가 있는 나카미야(中宮) 지방은 일본 쇼무(聖武) 천황 때 백제 마지막 임금 의자왕의 아들 선광(禪廣 또는 善廣)의 증손자인 구다라노고니키시교후쿠(百濟王敬福)에게 공을 인정하여 계급을 종삼위(從三位)로 승진시키고 가와우치슈(河內守, 가와우치 지방행정관)로 임명함과 동시에 나카미야 지역의 땅을 하사하였다. 이곳에서 백제왕 가족들이 함께 모여 살면서 조상을 모시기 위해 구다라지와 구다라오 신사를 세운 것이다.

이 신사는 잦은 전쟁으로 원래의 모습은 불타 없어졌으나 나라(奈良)에 있는 고후쿠지(興福寺) 지배를 받으면서 나라 가스가대사(春日大社) 본사(本社)의 본전을 지금의 본전으로 이축하였다고 한다. 본전 앞 배전(拜殿)에 걸려 있는 현판에도 백제국왕 고즈덴노(牛頭天王)라고 써서 구다라오 신사가 구다라노고니키시씨의 조상을 모시고 있는 신사임을 말해 주고 있다.

1,2 구다라오 신사 입구 도리이와 현판 **3,4** 구다라오 신사 배전과 현판
5 구다라오 신사 본전(本殿)

사이린지(西琳寺)

★ 오사카 하비키노시(羽曳野市) 후루이치(古市)

☆ 긴테츠미나미오사카센(近鐵南大阪線) 후루이치(古市)역에서 도보로 6분

사이린지는 긴메이(欽明) 천황 13년(552년)에 천황의 기원(祈願)으로 가와치노후미우지(西文氏)가 세운 사찰이다. 당초 가와치노후미우지 시조인 왕인박사(王仁博士)를 모시는 우지데라(氏寺)였으나 지금은 주택가의 작은 사원으로 전락하였다. 후미우지(西文氏)는 백제에서 온 왕인박사 후예들로 일본 정부 안에서 문필이나 기록 등 주로 외교업무를 담당한 이름 있는 씨족의 하나였다.

당시 건물들은 여러 차례 전쟁과 메이지(明治) 천황 시대 폐불(廢佛) 정책 등으로 훼손되었지만 지금도 법등(法燈)을 밝히고 있는 고찰(古刹)이다. 절의 산문(山門)을 들어서면 왼쪽에 지름 3m, 높이 2m의 오중탑 대형 초석(礎石, 탑심 초석)이 놓여 있고 초석 윗면에는 4개의 반원형 심주(心柱, 불탑 가운데 중심 기둥)를 세웠던 자리가 남아 있다.

최근 조사에서 건물 지붕에 쓰였던 치미(망새)와 기와가 많이 발굴되어 아스카(飛鳥) 시대 최대 사원이었음을 실증하고 있다. 연꽃무늬 장식을 한 치미는 다른 데서 볼 수 없는 것으로 현재 하비키노시의 유형문화재로 지정되어 시청 1층 로비에 전시되어 있다.

1 사이린지 산문 2 사이린지 경내 석조오중탑 3 오중탑 심초석(측면에서 본 것)
4 심초석 위에서 본 사진 5 최근 출토된 사이린지 지붕 치미

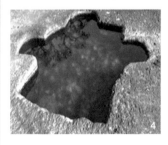

야추지(野中寺)

★ 오사카 하비키노시 노노우에(野野上)

☆ 긴테츠미나미오사카센(近鐵南大阪線) 후지이데라(藤井寺)역에서 도보로 15분

야추지는 7세기경 일본으로 건너간 백제 왕족 후네씨(船氏)의 우지데라(氏寺)다. 후네씨는 신시오(辰斯王)의 왕자 신손오(辰孫王) 후예로 553년 긴메이(欽明) 천황 때 후네씨 시조 오신니(王辰爾)가 오사카 요도가와(淀川)에서 선박통행세 징수업무를 담당하면서 그 공적을 인정받아 후네노후비도(船史)라는 직책과 함께 후네라는 성(姓)도 주어 후네씨 시조가 되었다.

야추지가 있는 하비키노시 일대는 백제계 씨족인 후지이씨(葛井氏)와 후네씨(船氏) 그리고 쓰씨(津氏) 등 왕족 후예가 많이 살던 곳으로, 창건 때 야추지의 모습은 남북조시대 전쟁 피해로 불타 버렸고 지금의 본당은 에도시대 재건된 것이다.

야추지에는 매월 18일에만 공개되는 미륵반가상(彌勒半跏像)이 있다. 불상 대좌(臺座)에 '병인년(丙寅年, 서기 666년)'이라는 명문이 새겨져 있으며, 한쪽 다리는 올리고 오른손을 볼에 대고 있는 표정은 백제인의 작품임이 틀림없다. 이 불상은 1918년 야추지 창고에서 발견되었으며, 또 창건 초기 유물인 탑의 심초석(心礎石) 위에 지주(支柱)를 세웠던 반월형 구멍 세 개가 꽃잎처럼 남아 있다.

1, 2 야추지 산문과 본당 3 야추지 탑터 초석(礎石) 4 사찰 경내 우리나라 문인석상
5, 6 탑 심초석(心礎石)과 미륵반가상

후지이데라(藤井寺)

★ 오사카 후지이데라시(藤井寺市)

☆ 긴데츠미나미오사카센(近鐵南大阪線) 후지이데라(藤井寺)역 하차

후지이데라는 7세기경 백제에서 일본으로 건너온 백제 왕족 신손오(辰孫王)의 후예 후지이씨(藤井氏) 우지데라였던 것을 725년 쇼무(聖武) 천황의 불교 진흥정책에 따라 후지이씨 집안의 후지이노규시(葛井給子)와 교기(行基)라는 사람이 창건한 절이다. 724년 쇼무 천황의 명으로 11면천수천안관음보살상(11面千手千眼觀音菩薩像)을 만든 후 다음 해 교기(行基)가 개안법요(開眼法要)를 하고 그 해를 후지이데라(葛井寺) 창건 해로 하고 있다.

그 뒤 이 절은 1493년 전쟁 피해와 1510년의 대지진으로 여러 당(堂)이 부서졌는데 18세기 후반까지 신자들의 재건 노력으로 현재 모습을 유지하고 있다. 특히 눈에 띄는 것은 1,400년 전 창건 당시의 건물 초석과 초석 윗면에 있는 원형 기둥 자국이다.

11면천수천안관음보살상은 국보로 지정된 비불로 매월 18일 감실(龕室) 공개일 외에는 볼 수가 없다. 이 불상은 높이 144.2cm로 합장한 두 손과 옆구리 큰손 38개, 작은손 1,001개를 합해 1,039개의 손이 원형으로 배치되어 합장하는 손과 모두 합해 1,041개의 손을 가지고 있는 천수천안관음(千手千眼觀音)의 전형적인 보살상이다.

1 후지이데라 남대문 2 후지이데라 본당 3 11면천수천안관세음보살상
4 1400년 전 창건 당시의 건물 초석

구다라지(百濟寺) 터

★ 오사카 히라가타시(枚方市) 나카미야니시노쵸(中宮西之町)

☆ 게이한덴키철도(京阪電氣鐵道) 히라가타역에서 쓰다(津田)역 행 게이한(京阪) 버스로
　환승, 나카미야(中宮) 버스정류장 하차

　구다라지는 백제에서 일본으로 건너온 마지막 임금 의자왕의 직계 교후
쿠(敬福)에 의하여 750년경 건립되었다. 690년 아스카 시대 제41대 지토(持
統) 천황이 일본으로 건너온 백제 왕족에게 구다라노고니키시(百濟王)라는
성(姓)을 주어 의자왕의 아들 선광(善廣 또는 禪廣)을 시조로 하는 일본 성의
하나가 되었다. 이후 쇼무(聖武) 천황의 명으로 구다라노고니키시의 조상
과 교후쿠의 숙부 구다라노고니키시난덴(百濟王南典)을 제사지내도록 하여
구다라지와 구다라오(百濟王) 신사를 세운 것이다.

　창건 당시의 구다라지는 헤이안 시대 후기에 불타 버렸고, 그 후 가마쿠
라 시대에 잠시 부흥하는 듯했으나 다시 복구 불능 상태로 소실, 폐사(廢
寺)되었다. 그러나 건물 초석(礎石) 등은 완전한 상태로 남아 있어 구다라
지의 가람 배치 등은 확인할 수 있다.

　가람 양식은 대웅전 배후에 고도(講堂)를 세우고 중앙에는 식당을 두었
으며, 동서 양쪽으로 탑을 배치한 양식임이 확인되었는데, 이는 신라시대
의 감은사지(感恩寺址)와 똑같은 양식이라고 한다. 그밖에 중문(中門)과 남
문(南門), 동문(東門)과 동원(東院)의 터도 남아 있으며 회랑은 중문과 동서
양쪽의 탑을 둘러 곤도(金堂)로 통하게 한 양식이었음이 확인되었다.

구다라지 터 입구 계단과 표석비

　이와 같이 격식 높은 유적의 발굴은 구다라노고니키시씨 왕족의 대세를 짐작하게 할 수 있는 자료이며, 고대 일본과 한반도 교류 관계를 알리는 하나의 증표라고 할 수 있다.

　현재는 기단(基壇)과 초석(礎石)만 복원된 상태이지만 2차에 걸친 추가 조사와 2005년부터 제3차 발굴 조사를 실시한 결과 사찰 경내에서 오가다다손센부츠(大型多尊塼佛)라는 희귀한 불상 파편과 슈리인(修理院)이라는 금속 가공 공방 터의 유구를 찾아냈다. 이 지역은 1952년 일본의 특별 사적(史蹟)으로 지정 관리하고 있으며, 아마노가와(天野川)가 내려다보이는 구다라지 터 공원 구역으로 경치가 좋다고 하여 1973년 10월에는 히라가타핫게이(枚方八京)의 하나로 선정된 이후 구다라지아토노쇼후(百濟寺跡ノ松風)라는 이름으로 유명한 관광지가 되었다.

1 구다라지 터   2 구다라지 회랑터 건물 초석   3 구다라지 탑터 심초석   4 구다라지 석탑 심초석 유구

1 구다라지 옛터 현지 안내판 2 구다라지 옛터에서 발굴된 기와 3 구다라지 동탑이 있던 자리

전(傳) 왕인박사묘

★ 오사카 히라가타시 후지사카히가시마치(藤阪東町)
☆ JR각겐도시센(學研都市線) 나가오(長尾)역 하차

왕인박사는《일본서기》와《고사기(古事記)》의 기록을 보면 4세기 말 오진 (應神) 천황 때 백제에서 온 도래인으로 한문서적 논어(論語) 10권과 천자문 (千字文) 1권을 가지고 일본으로 건너와 황태자 우지노와키이라쓰코(菟道稚 郎子)를 가르쳤다고 한다.

왕인박사는 일본에 최초로 한문을 전하였다는 역사적 업적과 유교를 전 하여 일본 문화의 시조로 존경을 받고 있는 인물이다.

왕인박사묘는 오사카 히라가타시 후지사카의 주택가 한쪽에 있다. 이 지역은 옛날부터 한반도 백제 유민들의 본거지로 인근에는 구다라지 터 와 구다라오 신사 등 유명한 백제인의 유적지가 많다.

왕인박사묘는 둥근 자연석의 묘석과 '博士 王仁의 墓'라고 새겨진 묘비 가 있고, 묘비 주위에는 200여 그루의 무궁화나무가 심어져 있다. 또 묘역 경내에는 모든 건축자재를 한국에서 가져와 한국 건축기사들의 손으로 백제 분위기를 느낄 수 있는 백제문과 휴게소가 있고, 휴게소 안에는 왕 인박사와 관련된 사진자료들을 많이 전시해 놓았다. 그리고 경내에 천자 문과 논어 책 모양의 석물(石物)도 놓여 있다.

1 논어와 천자문 책 모양 석물
2 묘역 경내에 심은 무궁화나무
3 왕인박사 묘지 입구 표지석
4 왕인박사 묘지 입구 백제문
5 왕인박사의 묘석과 묘비

오키쓰세이겐지(興津淸見寺)

★ 시즈오카시 시미즈구(淸水區) 오키쓰세이겐지쵸(興津淸見寺町)
☆ JR도카이도혼센(東海道本線) 오키쓰(興津)역 하차

세이겐지는 임제종(臨濟宗) 묘심사파(妙心寺派)의 사원으로 히로시마현 후쿠젠지(福禪寺), 오카야마현 혼렌지(本蓮寺)와 함께 조선통신사 유적지로 일본국 지정 사적지(史跡地)이며, 세이겐지(淸見寺)의 정원은 명승(名勝)으로도 지정되어 있다.

오키쓰(興津) 지구에 조선통신사 일행이 왕복 20회 지나갔으며 통신사 사절이 지날 때마다 숙사(宿舍)인 오키쓰야도(興津宿)가 정비되지 않아 세이겐지 객전(客殿)을 이용하였다. 이때 일본 문인 및 묵객들과 필담으로 문화교류를 하였으며, 통신사와 관련된 많은 글씨와 그림들이 지금도 세이겐지에 보관되어 있다.

세이겐지 바깥문인 소몽(總門)에 걸려 있는 편액(扁額) '동해명구(東海名區)'라는 글씨도 필명 금곡거사(錦谷居士)라는 조선 사람이 쓴 것이며, 강원도 낙산사를 그린 수묵화도 있다. 이 수묵화가 세이겐지에 보관되어 있는 사연은, 조선통신사 일행 중 세이겐지를 방문하는 사람마다 경치가 낙산사와 비슷하다고 하자, 11번째 통신사가 왔을 때 세이겐지 주지가 조선의 낙산사를 그려 달라고 하여 화가 김유성(金有聲)이 화지 6장에 그려 준 것이라고 한다.

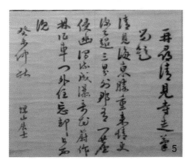

1 세이겐지 출입문 총문 2 세이겐지 본전
3 세이겐지 출입문 현판 4 조선통신사 일행
들이 남긴 글들 5 통신사 일행 박안기(朴安
期) 글씨 6 통신사 종사관 김상익(金相翊)
글씨 7 세이겐지의 명승 정원

무로쓰가이에키칸(室津海驛館)

★ 효고현 다쓰노시(たつの市) 미쓰쵸(御津町) 무로쓰(室津)

☆ JR니시니혼산요혼센(西日本山陽本線) 아보시(網干)역에서 오우라(大浦)행
　신기(神姬) 버스로 환승 25분 소요, 무로쓰(室津)역에서 도보로 5분

　무로쓰(室津)항은 세토(瀬戸) 내해를 지나는 선박들이 순풍이나 밀물을
기다리는 기항지로 조선통신사 일행의 숙박지이기도 하다. 무로쓰항에
기항한 조선통신사 일행은 히메지번(姬路藩)의 안내로 번주(藩主) 별장인
영빈관 오차야(お茶屋)에서 삼사(三使, 정사, 부사, 종관사)가 머무르고 나머지
중관(中官)은 죠죠지(淨靜寺)에서, 하관(下官)들은 쟈쿠죠지(寂靜寺)나 도쿠죠
지(德乘寺)로 안내되었으며, 계급이 낮은 수행원들은 다른 사찰 또는 민간
상인들의 큰 저택으로 안내되었다.

　당시 객전 터는 현재 미쓰쵸민(御津町民) 센터가 들어서 있어 흔적은 찾
을 수 없으나, 다만 다쓰노시리쓰(たつの市立) 무로쓰가이에키칸 2층에 조
선통신사 코너가 있어 그 흔적을 만날 수 있다. 전시관에는 조선통신사
행렬을 인형으로 만들어 놓았으며 10일 전에 예약하면 당시 통신사들에
게 대접했던 음식도 맛볼 수 있다고 한다.

　무로쓰는 지형적으로 우물을 파면 짠물만 나와 조선통신사 일행이 기항
할 때는 가까운 섬에서 물을 수집하여 식수를 공급하였다고 한다. 기록에
의하면 500여 척의 선박과 3,000여 명의 인원이 동원되었던 것으로 보아
이 지역 번(藩)으로서는 상당한 부담이었을 것이다.

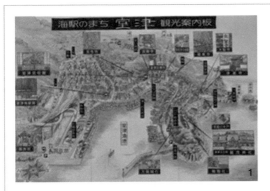

1 무로쓰항 현지 관광안내판 2 무로쓰항 전경 3 무로쓰가이에키칸 4,5 조선통신사 행렬 모형

한국인원폭희생자위령비

★ 히로시마시 나카구(中區) 나카지마쵸(中島町) 히로시마 평화기념공원 내
☆ 히로시마역에서 히로시마전철 2호선 미야지마(宮島)행 겐바쿠(原爆) 돔마에역 하차

히로시마 평화기념공원 밖에 세워져 있던 한국인원폭희생자위령비를 공원 안으로 옮기게 된 것은 우리나라 동포들이 민족차별이라는 지속적인 항의에 의해서였다.

태평양전쟁 말기 히로시마에 한국인 군인을 비롯하여 군속, 징용공, 강제동원 학생, 일반시민 등 10만여 명이 살고 있었는데, 그중 2만여 명이 1945년 8월 6일 원폭 투하로 한순간에 희생당했다. 당시 히로시마 시민 20만여 명이 희생되었다고 하니 그중 우리 동포의 희생자가 10%에 이르는 것으로 그냥 지나칠 수 있는 숫자가 아니다.

그래서 1970년 4월 10일 대한민국 재일거류민단 히로시마현 본부가 주관하여 희생된 동포의 영혼을 달래고 두 번 다시 원폭 참사가 일어나지 않기를 소망하면서 평화의 땅 히로시마 한쪽에 이 비가 세워진 것이다.

위령비의 대석(臺石)과 용(龍)의 조각석은 우리나라 경주석이며 중추석(中樞石)은 충남 보령군 웅천 남포석을 사용하였다고 한다. 위령비 측면에는 전 국회의장 이효상 씨 휘호가 새겨져 있고, 뒷면에는 국문학자 한갑수 씨의 글이 새겨져 있다.

한국인원폭희생자위령비 전경

후쿠젠지(福禪寺) 대조루(對潮樓)

★ 히로시마현 후쿠야마시(福山市) 도모쵸(鞆町) 도모(鞆)

☆ JR니시니혼산요혼센(西日本山陽本線) 후쿠야마(福山)역 하차, 도모노우라(鞆の浦),
  도모코(鞆港)행 버스로 30분

대조루는 후쿠젠지 본당에 인접한 영빈용 객전(客殿)이다. 후쿠젠지 경
내는 조선통신사 유적 도모후쿠젠지(鞆福禪寺) 경내라는 이름으로 지정된
사적지(史蹟地)다.

이 대조루는 1680년대 건립된 것으로 주로 조선통신사를 영접하기 위
하여 지은 영빈관이다. 객실 내부에서 바라보이는 세토 내해의 섬 경치가
너무 아름다워 1711년 통신사 일원으로 수행하였던 종사관(從事官) 이방언
(李邦彦)이 일동제일형승(日東第一形勝)이라고 찬사를 보낸 것이 지금 이 지
역의 관광 구호로 사용되고 있다,

1748년 일본에 갔던 조선통신사 정사(正使) 홍계희(洪啓禧)는 지금까지
객전이라고만 부르던 것을 대조루라고 이름 짓고 글씨를 남겼다. 대조루
는 조선통신사의 숙소뿐만 아니라 한학자나 서예가들과의 교류 장소로도
이용되었다.

1 후쿠젠지 대조루 전경 2 조선통신사 행렬 모형 인형과 유품 전시실
3 정사(正使) 홍계희(洪啓禧)의 글씨 4 조선통신사들이 가지고 간 지필묵(紙筆墨)
5 종사관 이방언(李邦彦)의 글씨

우시마토혼렌지(牛窓本蓮寺)

★ 오카야마현 세토우치시(瀬戸内市) 우시마토쵸(牛窓町) 우시마토(牛窓)

☆ JR니시니혼(西日本) 아코센(赤穂線) 오쿠(邑久)역에서 료비(兩備) 버스로

　 혼렌지(本蓮寺) 하차 20분 소요

　우시마토혼렌지 사원 경내는 조선통신사의 유적이라고 하여 일본국 사적(史蹟)으로 지정되어 있다. 우시마토항(牛窓港)은 세토 내해를 다니는 선박들이 순풍이나 밀물을 기다리기 위해 정박해 있던 항구로 조선통신사 일행의 정박항으로도 유명하다.

　에도 시대 조선통신사 일행이 우시마토항에 기항하였을 때 처음부터 네 번째까지는 혼렌지(本蓮寺) 객전에서 오카야마번(岡山藩)의 접대를 받았으나, 그 후부터는 삼사의 숙소를 오차야(お茶屋)로 옮겨 이용하였다.

　현재 오차야 건물은 터만 남아 있고 우시마토항 가라고토(唐琴) 거리에 조선통신사를 위하여 팠다는 우물이 있다. 이 우물도 사적으로 지정되어 있다. 또 옛 우시마토(牛窓) 경찰서 본관 건물을 개조하여 가이유분카칸(海遊文化館)으로 사용하고 있는데, 관내 2개 전시 코너 중 두 번째는 조선통신사들이 기항했었다는 역사 코너로 조선통신사 사절단의 의상과 당시의 시가지 그림 등이 전시되어 있다.

1 조선통신사가 출입했던 우시마토 항구　**2** 혼렌지 입구 산문　**3** 혼렌지 본당
4,5 가이유분카칸 건물과 전시장

일한우호전시관(日韓友好資料館)

★ 돗토리현 도하쿠군(東伯郡) 고토우라쵸(琴浦町) 베츠인(別所)
☆ JR산인혼센(山陰本線) 아카사키(赤埼)역에서 차로 15분

　일한우호전시관은 일한우호교류공원 입구에 한국 건축물 양식으로 세워진 건물로 한일우호자료관과 부속건물인 물산관(物産館)으로 되어 있다.
　자료관에는 우리나라와 돗토리현의 관계, 역사, 한일 교류의 발상, 한국 문화 등을 파일이나 패널 등으로 소개해 놓았다. 1819년에 표류되었던 우리나라 상선도 복원하여 모형으로 전시해 놓았으며, 표착 모습을 재현한 종이 인형들도 전시되어 있다.
　물산관에서는 김치를 비롯하여 많은 한국 식품이 전시 판매되고 있다. 이는 한국의 조미료나 과자 등 우리에게 친근한 식품을 통하여 한국 문화에 접근할 수 있도록 기회를 제공하는 공간이라고 할 수 있다. 이 물산관에서는 식품 외에 공예품과 잡화 등도 전시 판매하고 있다.

1 일한우호자료관과 물산관 전경　2,3 일한우호자료관 한복 코너
4 자료관 앞 태극기와 일장기　5 일한우호자료관 전시장

일한우호교류공원(日韓友好交流公園) 바람의 언덕(風の丘)

★ 돗토리현 도하쿠군 고토우라쵸 베츠인

☆ JR산인혼센(山陰本線) 아카사기(赤碕)역에서 차로 15분 소요

이 공원이 조성된 동기는 1819년 경상북도 평해(平海)항에서 출항한 한국 상선이 풍랑을 만나 난파하여 돗토리 아카사기(현재 고토우라쵸) 앞바다를 표류하던 중 돗토리번(鳥取藩)이 선장 이하 선원 12명을 모두 구조하고 이들을 2개월 이상 따뜻하게 돌보아 준 후 나가사키(長崎)를 거쳐 무사히 고국으로 돌려보내 주었다는 사실과, 1963년 부산항을 출발한 어선이 기관 고장으로 표류하다가 아카사기 앞바다에 표착한 것을 지역 주민들이 선체를 수리하여 주고 무사히 고국으로 돌아가게 한 사실 등을 기리기 위하여 당시 표착한 바다가 내려다보이는 곳에 한일 우호 교류를 기원하는 공원이 조성되었다고 한다.

공원 입구 계단을 올라가면 오른쪽에 한국에서 불어오는 바람을 받는다는 돌로 만든 바람개비 풍차가 있고, 최근에는 공원 경내에 바람을 맞이한다는 대풍정(待風亭)이란 이름으로 한국 건축 양식의 야외무대를 세웠으며, 우정의 종과 석탑, 돌하르방, 한일교류기념비 등 공원시설물을 설치하여 한국풍을 일으키고 있다. 이 공사는 2003년 도하쿠군 고토우라쵸가 3억9,000만 엔의 사업비를 투자하여 이루어진 것이라고 한다.

1 돌로 만든 바람개비 풍차 2 야외무대 대풍정(待風亭) 3 공원 입구 돌로 만든 장승
4, 5 한일우호교류공원(風の丘) 입구 계단과 우애(友愛)의 비

가미요도(上淀) 폐사 흔적

★ 돗토리현 요나고시(米子市) 요도에쵸(淀江町) 후쿠오카(福岡)
☆ JR산인혼센(山陰本線) 요도에(淀江)역에서 도보로 20분

이 고대 절터는 1991년 사적공원을 정비하면서 가람의 윤곽을 찾아냈다. 가미요도 사찰은 7세기 후반에 건립된 것으로 8세기 중반에 개수를 하였으나 11세기 전반기에 불타 없어진 사찰로 추정하고 있다.

이 사찰 터가 갑자기 유명해진 것은 발굴 과정에 5,500여 조각의 벽화 파편이 나와 나라(奈良)의 야마토 호류지(法隆寺) 금당벽화와 어깨를 겨룰 만한 벽화 자료로 평가받음에 따라 학계를 놀라게 한 것이다.

사찰 영역은 동서 약 212m, 남북 약 106m 규모이고, 중앙에는 사방 53m의 중심 가람이 있었던 것으로 조사되었다. 특별히 주목되는 것은 대웅전과 탑의 기단이 백제 사원에서 많이 볼 수 있는 와적(瓦積, 기와로 쌓은 것)으로 된 벽체 양식이란 점과 지붕기와 출토품 중 막새기와의 연화 문양은 통일신라의 영향을 받은 것으로 보며, 이밖에도 일본에서는 보기 드문 대륙적 특수 가람 배치와 철제품 및 청동제품 등이 출토된 것으로 보아 한반도 도래인들의 작품이 확실하다.

癸未年(683년)이라고 쓴 기와

1 가미요도 폐사 흔적　2 복원된 금당(金堂) 기단　3 2단 구조로 된 남탑(南塔) 기단
4 중탑(中塔) 자리　5 벽화 출토 상황　6 북탑(北塔)의 심초석(心礎石)

오카마스(岡益) 석당(石堂)

★ 돗토리현 돗토리시 고쿠후쵸(國府町) 오카마스(岡益)

☆ JR돗토리역에서 차로 15분

오카마스 석당은 산인(山陰) 지방에서 가장 큰 석조 건축물이지만 무엇을 위한 것인지는 불분명하다. 중앙 부분의 석주(石柱)는 엔타시스형 기둥으로 되어 있고 그 위 머리에 네모난 뒷박과 같은 돌과 뒤쪽에는 인동당초(忍冬唐草) 문양을 새겨놓은 것으로, 이러한 석조물은 일본 어느 곳에서도 찾아볼 수 없는 것이라고 한다.

단지 우리나라 고구려 쌍영총(雙楹塚)과 꼭 닮았고, 백제 기술자들이 지었다는 나라(奈良) 호류지(法隆寺)의 기둥이 엔타시스형으로 되어 있으며 또 호류지의 벽화에도 인동당초 문양이 들어 있다는 사실과 그리스 궁전에서도 엔타시스형 기둥과 인동당초 문양을 볼 수 있다는 것은 실크로드를 통하여 서양에서 중국과 백제, 신라를 거쳐 일본 오카마스(岡益) 석당(石堂)까지 온 것이 아닌가 생각된다.

석당 앞에는 일본어와 한글로 된 설명문이 있는데, 일본어로 된 안내판에는 중국의 운강석굴(雲崗石窟)이나 육조(六朝) 문화와의 관련성을 지적하고, 한글 안내판에는 한민족 도래인 문화의 영향이라고 해 설명이 일치되지 않는다.

1, 2 오카마스 석당 전경과 뒷면 3 엔타시스형 기둥 4 인동당초 문양

하기야키(萩燒)

★ 야마구치현 하기시 쓰바키(椿)
☆ JR신칸센신야마구치(新幹線新山口)역에서 JR버스 1시간 20분, 히가시하기(東萩)역
　또는 JR산인센(山陰線) 하기(萩)역 하차

　하기야키는 야마구치현 하기시(萩市) 일대에서 생산되는 도기를 말한다. 일부는 하기시가 아닌 나가토시(長門市)와 야마구치시(山口市)에서도 생산되고 있다. 하기야키 시조(始祖)는 다른 곳과 마찬가지로 임진왜란 때 붙잡혀 온 우리나라 도공(陶工)으로 이작광(李勺光)과 이경(李敬) 형제에 의해서였다.

　이들 형제는 임진왜란 때 하기(萩) 초대 번주였던 장수 모리 데루모토(毛利輝元)가 데려와 하기 번주 전용인 고요가마(御用窯)에서부터 시작되었는데, 처음에는 특별한 작풍(作風) 없이 단순히 우리나라 이조자기만을 모방하여 오다가 점점 연구를 더하여 독자적인 하기야키로 발전시켰다.

　형 이작광이 사망한 후 동생 이경이 요(窯)를 이어받아 도예기술을 발전시킨 공으로 하기 번주로부터 사카고오라이자에몽(坂高麗左衛門)이라는 일본 이름을 받은 후 그 이름이 현재까지도 이어지고 있다.

1 9대 사카고오라이자에몽(坂高麗左衛門) 작품　2 10대 사카고오라이자에몽 작품
3 14대 하기야키 종가 요(窯)　4, 5 하기야키 노보리가마(쯢リ窯)와 그 안의 작품들

가미노세키쵸(上關町)

★ 야마구치현 구마게군(熊毛郡) 가미노세키쵸

☆ JR니시니혼산요혼센(西日本山陽本線) 야나이(柳井)역에서 버스로 가미노세키도센바마에(上關渡船場前) 정류장에서 약 50분

　가미노세키쵸는 일본 세토 내해에서 가장 서쪽에 위치한 항구도시다. 조선통신사들은 부산항을 출발하여 쓰시마(對馬), 이키(壹岐)섬을 거쳐 시모노세키(下關)에 도착한 후 가미노세키쵸부터는 세토 내해와 접해 있는 각 번의 해역을 거쳐 최종적으로 오사카항에 상륙했다.

　통신사의 규모는 300여 명에서부터 많은 때는 500여 명에 이르렀으며, 안내 역할을 맡았던 쓰시마번(對馬藩) 무사들까지 포함하면 1,000여 명이 넘었다고 한다. 따라서 조선통신사를 맞는 각 번(藩)은 기존 시설을 증축하거나 신축하고 오차야(お茶屋) 또는 객관(客館) 등을 빌려도 어려움이 많았던 것 같다.

　가미노세키쵸에 있는 오차야도 3,000평 정도의 큰 규모로 이와쿠니번(岩國藩)이 조선통신사에게 향응을 베풀고 숙소로 제공하였던 명소였으나, 1870년에 해체되어 현재는 그 자리에 옛날 바닷가 초소였던 규가미노세키반쇼(舊上關番所)가 들어서 있고, 오차야 출입문은 쵸센지(超專寺)의 산문(山門)으로 남아 있다. 이곳을 찾은 조선통신사는 1607년에서 1764년 사이에 왕로(往路) 11회, 귀로(歸路) 8회 들렀다는 기록만 남아 있다.

1 규가미노세키반쇼 전경   2 오차야 건물 터   3 오차야 건물 터에서 본 선착장
4 쵸센지(超專寺) 산문   5 조선통신사의 가미노세키항 내항도(來港圖)

시모노세키항(下關港)

★ 야마구치현 시모노세키시 야마토쵸(大和町)

☆ 부산국제부두에서 부관페리로 오후 9시에 출발하여 다음날 오전 7시 45분에
   시모노세키항 도착(거리는 240km, 운항시간은 7시간 정도)

시모노세키는 일본 서부 육해교통의 십자로에 해당하는 곳으로 예부터
교통·상업 중심지로 번영하였다. 1905년 일본에 의해 부관연락선(釜關連
絡船) 항로가 개설되어 제2차 세계대전 종전 때까지 일본의 한국 및 대륙
침략의 문호가 되었다.

1943년 10월 5일 제2차 세계대전 때 미 해군의 잠수함 공격으로 연락선
곤론마루(崑崙丸)가 침몰되어 승객 583명이 희생되었고, 1945년 6월경부
터는 선박 공습이 더 심해지고 쓰시마해협을 기뢰로 봉쇄하여 사실상 운
항이 불가능한 상태였다.

하지만 우리 동포 징용자들의 운송은 계속되었는데, 그들은 객실 전용
선은 타보지도 못하였고 여객과 화물 겸용 선박 밑바닥에 있는 화물창고
에서 감시를 받았다. 전쟁이 끝날 때까지 우리 동포들을 일본으로 많이
실어 날랐던 배는 주로 공고마루(金剛丸)와 고안마루(興安丸)였다.

현재는 간몬교가 개통되어 혼슈와 규슈를 연결하고 있다. 또 1970년 6월
부터 다시 부산과의 사이에 주 3회 취항하는 부관페리의 국제항로가 개설
되었으며, 최근에는 1일 1편씩 취항하고 있다.

1 지금의 시모노세키항 모습
2 고안마루(興安丸)
3 공고마루(金剛丸)
4 우리 동포를 실은 연락선이 접안하고
　있는 모습

시모노세키시 인죠지(引接寺)

★ 야마구치현 시모노세키시 나카노쵸(中之町)
☆ JR시모노세키역 동쪽 출구에서 도보로 3분

　시모노세키시 인죠지는 1560년에 창건하여 정토종(淨土宗) 아미타여래 (阿彌陀如來)를 본존(本尊)으로 모시는 사찰이다. 일본 에도 시대 조선통신사 숙소로 사용되었는데 주로 통신사의 중관(中官)과 하관(下官)이 머물렀다고 한다. 당시 건물은 1945년 제2차 세계대전 때 공습으로 소실되어 없어졌고 18세기에 재건한 큰 용이 새겨진 산문(山門)만 남아 현재 시모노세키시 문화재로 지정되어 있다.

　이곳은 우리나라 통신사가 머물던 장소일 뿐만 아니라 중국(청국)과 일본이 강화조약을 맺을 때 전권대사로 왔던 리홍장(李鴻章)도 머물렀다. 여기에서 도보로 30분 정도 가면 아미다지고엔(阿彌陀寺公園)이 있는데, 이곳은 조선통신사들이 쓰시마를 거쳐 일본 본토를 처음 밟았다는 지점으로 공원 안에 '조선통신사 상륙 엔류노지(淹留之地)'라는 기념비가 있다. 이 비는 한국에서 돌을 가져와 이 고장 유지들에 의하여 2001년 8월에 세워진 것으로 비문을 일본어, 한국어, 영어로 새겨 놓았다. 비문 내용을 요약하면 "조선통신사의 역사적 의의를 재인식하여 조선통신사 일행이 상륙한 이곳에 기념비를 세우고 그 역사를 항구적으로 현창(顯彰)한다"는 글이다.

1 조선통신사 상륙기념비 2 인죠지 입구 표지석 3 인죠지 산문 4 인죠지 산문에 새겨진 용

아오모리(青森) 잔교(棧橋)

★ 아오모리현 아오모리시

☆ JR히가시니혼(東日本) 아오모리역에서 도보로 5분

    아오모리 잔교는 일본 본토 최북단 아오모리항에 있다. 1908년 일본 본토 아오모리와 홋카이도 하코다테(函館)를 잇는 철도연락선이 취항하면서 배에 철도차량이나 화물차를 직접 싣기 위한 부두 시설인 것이다. 철도차량이 배로 들어가 바다를 건너는 것은 세계적으로도 드문 일이다.

    홋카이도 탄광으로 보내졌던 우리 동포들은 고국에서 일본 시모노세키항(下關港)으로 호송된 뒤 아오모리역까지 일주일을 밤낮으로 차 안에서 보내야 했다. 아오모리역에 도착해도 땅도 밟아보지 못한 채 도주를 우려하여 우리 동포 탑승열차를 통째로 세이칸(青函) 연락선에 싣고 4시간 항해한 뒤 맞은편 홋카이도 하코다테항에 내려놓았다.

    하코다테항에 내린 우리 동포들은 객차도 아닌 각처 탄광에서 석탄을 싣고 왔던 열차에 태워 석탄 광산으로 보내졌다고 한다.

1 아오모리항 전경 2 아오모리항의 녹슨 잔교 3 아오모리항 현재 잔교
4 차량 탑재 객선 세이칸(青函船) 5 선박에 열차를 탑재하고 있는 모습

윤봉길 의사 암매장지

★ 이시카와현 가나자와시(金澤市) 노다마치(野田町)

☆ 가나자와역에서 호쿠리쿠철도(北陸鐵道) 버스 21, 22, 25계통 승차
    노다마치(野田町) 정류장에서 도보로 5분

'尹奉吉 義士 暗葬之跡'이라는 비문이 새겨진 비석이 이시카와현 가나
자와시 노다마치 소재 일본 육군 전몰자 묘지 입구 길가에 쓸쓸히 세워져
있다. 윤봉길 의사는 1932년 4월 9일 일본 천황 탄생기념일인 천장절(天長
節) 행사장에서 수류탄을 투척하여 시라가와(白川) 육군대장을 죽이고, 일
본 상하이 공사 시게미쓰(重光)의 오른쪽 다리를 잃게 하였으며, 해군중장
노무라(野村)의 한쪽 눈을 잃게 만든 사건으로 붙잡혀 일본군법회의에서
사형선고를 받고 같은 해 12월 19일 오전 7시 가나자와 형무소에서 총살
형을 받았다.

총살형으로 버려진 시체를 일본 육군 전몰자 묘지 입구 길가에 암매장
하였던 것을 전쟁이 끝난 후 재일교포들이 발견하여 유해는 한국으로 보
내고 그 자리에 윤 의사의 두발과 유영(遺影)을 봉안하고 비석을 세웠다.

1 중국 상하이 루쉰공원 사건 현장에 세워진 비석 2 윤봉길 의사 암매장지에 세워 놓은 비석
3 거사 직전의 행사장. 왼쪽이 시라가와(白川) 대장

교쿠센엔(玉泉園)과 도래인 무사 김여철(金如鐵)

★ 이시카와현 가나자와시 고쇼마치(小將町)

☆ 가나자와역에서 11번~16번, 90번~95번 버스 승차 겐로쿠엔(兼六園) 하차

김여철은 1585년 서울에서 한림학사(翰林學士) 김시성(金時省)의 아들로 태어났으나 1592년 임진왜란 때 일본 장수 우키다 히데이에(宇喜多秀家)가 데려가 그의 처 고히메(豪姬)가 양육하다가 친정 오빠 마에다 도시나가(前田利長) 슬하에서 성장했다.

그는 큐베(久兵衛)라는 칭호를 받고 봉사하던 중 1605년 교쿠센인(玉泉院) 에이히메의 알선으로 와키다(脇田) 집안의 양자로 들어가 이름이 와키다 나오가타(脇田直賢)로 바뀌었다. 그 후 일본 역사상 유명한 오사카나츠노 징(大阪夏の陣) 등 여러 전투에서 공을 세워 고쇼가시라(小姓頭) 가나자와마 치부쿄(金澤町奉行) 등 요직을 맡아 마지막에는 녹봉이 1500석(石)까지 이르렀다.

교쿠센엔은 와키다 나오가타로부터 시작하여 4대 큐베까지 1세기에 걸쳐 와키다 집안이 이루어 놓은 정원으로 이름도 와키다 나오가타의 은인인 교쿠센인을 그리며 지은 이름이라고 한다.

또 와키다 나오가타는 가톨릭 신자여서 교쿠센엔에는 합장한 성모마리아상이 새겨진 등롱(燈籠)이 세워져 있고, 우리나라에서 가져다 심었다는 수령 350년 된 조선소나무 오엽송(五葉松)이 있다.

1 교쿠센엔 주정지(主庭池)
2 조선오엽송과 능소화
3 등롱과 마리아상 조각

사가현(佐賀縣)　　미야자키현(宮埼縣)　　후쿠오카현(福岡縣)
가고시마현(鹿兒島縣)　구마모토현(熊本縣)　나가사키현(長埼縣)

규슈 지방은 규슈 본도(本島)와 이키섬(壹岐島) · 쓰시마섬(對馬島) · 고토 열도(五島列島) · 아마
쿠사 제도(天草諸島) · 사쓰난 제도(薩南諸島) 등 1,400여 섬들로 이루어져 있으며, 후쿠오카
(福岡) · 사가(佐賀) · 나가사키(長埼) · 오이타(大分) · 구마모토(熊本) · 미야자키(宮埼) · 가고시마
(鹿兒島) 등 7개 현(縣)을 포함하며, 넓게는 오키나와현(沖繩縣)도 포함한다. 대륙에 가까운 규
슈 북부 지방은 일찍이 대륙문물을 접하기 쉬웠기 때문에, 야마토 지방(현재의 나라현)과 함께
일본 고대문화인 야요이식(彌生式) 문화의 2대 중심지의 하나가 되었고, 그 뒤 대륙과의 사이
에 정식거래가 이루어지자 대외 교통의 요충이 되어 왔다. 13세기 후반에는 2차에 걸쳐 원(元)
의 침입을 받았으며, 에도(江戸) 시대에는 조총(鳥銃), 그리스도교 등 유럽 문물이 이곳을 거쳐
전래되어 일본의 역사에 영향을 끼쳤다.

규슈(九州) 지역

후쿠오카

사가

나가사키

구마모토

미야자키

가고시마

후산카이(釜山海) 고도쿠지(高德寺)

★ 사가현 가라쓰시(唐津市) 나카마치(中町)

☆ JR규슈가라쓰센(九州唐津線) 가라쓰(唐津)역 하차

이 사찰은 일본 전국시대의 무장 오다 노부나가(織田信長)의 몸종 무사 (武士) 가몬노스케(奧村掃部介)가 오다 노부나가가 세상을 떠난 후 불교에 귀의하여 법명을 죠신(淨信)이라 하고 임진왜란 직전 1585년 2월 부산 용 두산 아래(현재 국제시장 입구)에 세운 절이다.

죠신은 이를 거점으로 한국에 정토진종(淨土眞宗)을 포교하려 했다고 하 나 사실은 임진왜란 침공 직전의 정탐 거점인 것으로 보인다. 사찰이 창건 되면서 임진왜란이 일어나자 도요토미 히데요시는 죠신에게 임진왜란 전 투에서 희생된 자들을 고도쿠지(高德寺)에서 공양하도록 명령하고 후산카 이(釜山海)라는 산호(山號)를 하사하였다.

임진왜란과 정유재란 두 전쟁이 끝남에 따라 이 사찰은 일본으로 철수 하게 되었으며 여러 곳을 전전하다가 현재 위치에 정착하였다고 한다. 이 곳은 우리나라 독립당 관계자인 김옥균, 박영효 등과도 긴밀한 교류장소 로 이용되었으며, 그들과 주고받은 서신 등 유물들이 아직 남아 있다.

1, 2 후산카이 고도쿠지 전경과 본당 모습   3 본당의 산호(山號) 현판
4, 5 사찰 입구 표석과 사찰 소장품

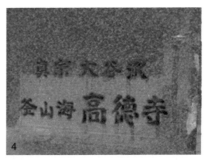

류센지(龍泉寺)

★ 사가현 니시마쓰우라군(西松浦郡) 아리타쵸(有田町) 오기슈쿠(大木宿)
☆ 마쓰우라철도(松浦鐵道) 니시규슈센(西九州線) 오기(大木)역 하차

류센지는 1532년에 세워진 사찰로 아리타야키(有田燒) 도조(陶祖) 이삼평(李參平)의 보다이지(菩提寺, 선조 대대의 위패를 모신 절)다. 하얀색 담장과 대나무 숲으로 둘러싸여 있으며, 이 지역에서는 거찰(巨刹)에 속한다.

이삼평은 임진왜란 때 일본으로 끌려간 도공(陶工)으로 일본에서 처음 자기(磁器) 제작에 성공했다.

류센지와 우리나라의 인연은 문화재로 관리하고 있는 류센지 과거장(過去帳)과의 관계다. 과거장이란 절에 금품을 기증한 사람이나 사망한 신도의 법명, 속명, 사망연월일 등이 기록된 장부다.

류센지 과거장 내용을 보면 도공 이삼평의 기록이 있다. 이 과거장 기록과 시라가와(白川) 이삼평의 묘석에 새겨진 일본 이름(月窓淨心), 사망연월일이 일치하며, 과거장에는 이삼평의 딸 묘하선이(妙夏禪尼, 1660년에 사망)에 대한 기록도 명확히 남아 있어 한민족 도공들의 업적이 사실적으로 실증되었다.

1 류센지 산문(山門) 2 류센지 전경(全景) 3 류센지에 남아 있는 이삼평의 과거장

도잔(陶山) 신사

★ 사가현 니시마쓰우라군 아리타쵸 오타루(大樽)

☆ JR사세보센(佐世保線) 가미아리타(上有田)역에서 도보로 15분

이 신사는 일본 최초의 자기(磁器)를 생산한 아리타야키(有田燒)의 도조신(陶祖神)을 모신 곳이다. 아리타 시가지가 내려다보이는 렌게이시산(蓮花石山)에 있으며, 경내에는 아리타와 인연이 많은 무궁화도 심어져 있다.

도조 이삼평은 사가번(佐賀藩)의 장수 나베시마(鍋島)가 임진왜란 때 한반도에 출정하였다 귀국하면서 데려온 도공으로 일본에 귀화하면서 가네가에삼베에(金ケ江三兵衛)로 개명하였다. 그는 자기(磁器) 원료인 자석을 찾고자 여러 곳을 돌아다니다가 아리타 동부 센산(泉山)에서 자석광(磁石鑛)을 발견한 후 아리타를 도자기 마을로 번성시킨 사람으로 도조(陶祖)로 받들게 된 것이다.

여기에서 발견된 자석으로 1616년에 만들어진 것이 일본 최초의 자기라고 한다. 이삼평은 1655년 8월 11일 사망한 뒤 그를 데려왔던 나베시마와 함께 이 신사의 주제(主祭) 신으로 모셔지고 있다. 이 신사 경내는 도자기 고장답게 도리이(鳥居)와 해태를 포함하여 난간까지도 도기로 되어 있다. 1917년 신사 뒷산 정상에 도조 이삼평의 비를 세워 그의 위업을 찬양하고 있다.

1, 2 도잔 신사 도자기 도리이와 배전 3 도자기로 만든 해태와 물항아리 4 도자기로 만든 등롱(燈籠)
5 도자기로 만든 난간 6 도조 이삼평의 묘지

가고시마(鹿兒島) 고려마을(高麗町)

★ 가고시마현 가고시마시 고라이쵸(高麗町)
☆ JR규슈 가고시마주오(鹿兒島中央)역 하차

가고시마시 고려마을은 가고시마 중앙역 가까이에 있는 고쓰키(甲突) 하천 오른쪽에 있다. 이 마을 이름 고라이(高麗)는 1598년 임진왜란 당시 시마쓰 요시히로(島津義弘) 일본 무사가 우리나라에 왔다가 귀국하면서 데려온 사람들을 이곳에 집단으로 살게 한 데서 유래되었다. 규슈 지방에는 이런 곳이 여럿 있었는데 대부분 고라이쵸(高麗町), 가라토쵸(唐人町)라는 이름으로 현재까지도 부르고 있다.

이곳에서 살던 우리나라 사람 83명은 1663년 히오키군 이쥬인(日置郡伊集院, 현재 히오키시) 히가시이치기쵸 미야마(東市來町美山)로 강제이주시켰고, 1669년에 또 25세대를 추가로 이주했다. 우리나라 사람들이 이곳을 떠난 뒤 다리 양쪽에 150평 전후의 무사(武士) 저택으로 분양하여 일본 메이지 유신 공신인 오쿠보 도시미치(大久保利通)를 비롯하여 사이고 다카모리(西鄕隆盛) 등 유명인들의 출생지가 되었다.

1847년 고라이쵸(高麗町) 고쓰키가와(甲突川) 왼쪽에 옛날부터 있던 고라이쵸노하시(高麗町之橋)를 돌다리로 만들었는데, 1993년 수해로 없어져 지금은 새로운 모습으로 바뀌었다. 이 다리의 조명은 커팅 글라스로 유명한 사쓰마기리코(薩摩切子)로 만들어져 있다.

1 고려교(지금은 도시공원으로 이전하여 전시하고 있음)　2 고려교 설명문

3, 4 고려교 표지판과 고려교

다마야마(玉山) 신사

★ 가고시마현 히오키시(日置市) 히가시이치키쵸(東市來町) 미야마(美山)
☆ JR규슈 가고시마혼센(鹿兒島本線) 히가시이치키역에서 차로 5분

　다마야마 신사는 임진왜란 때 일본으로 끌려간 도공들의 집단거주지인 미야마(美山, 나에시로가와) 높은 언덕 위에 1605년에 세워진 신사다. 우리 민족의 시조 단군(檀君)을 제신(祭神)으로 모시고 제사를 지낸 신사였으나 1733년에 단군 제신을 도기(陶器) 제신으로 바꾸라는 사쓰마번(薩摩藩)의 지시로 지금은 도기 제신을 모신다.

　우리나라 도공들의 마음의 안식처였던 이 신사가 더욱 유명하게 된 것은 태평양전쟁이 끝나기 바로 직전 일본 쇼와(昭和) 정부의 외무대신을 여러 차례 지내다 전쟁이 끝나자 전범재판에 회부되어 20년 금고형을 받고 옥중에서 세상을 떠난 도고 시게노리(東鄕茂德)의 고향이기도 하다. 이 사람도 우리나라 도공의 후예 박수승(朴壽勝)이라는 사람의 아들이며, 그의 어머니는 살아생전 하루도 빠지지 않고 이 신사를 참배하였다고 한다.

　이 신사는 처음에 우리나라 사당 양식으로 지었으나 현재 사전(社殿)은 1917년에 개축하였고, 제사 방식도 미야마(美山) 지구의 중심 신앙인 어업과 항해 수호신을 모시던 것을 지금은 도기 수호신으로 바꾸어 모시고 있다.

1 다마야마 신사 진입로 도리이   2 우리나라 도공들의 첫 상륙지 기념비   3 다마야마 신사 본전
4 도고 시게노리 생가터에 지은 기념관

미야마(美山)와 심수관요(沈壽官窯)

★ 가고시마현 히오키시 히가시이치키쵸 미야마
☆ JR규슈 가고시마혼센(鹿兒島本線) 히가시이치키역에서 차로 5분

미야마(美山)는 규슈 남부도시 가고시마에서 서쪽으로 약 20km 떨어진 곳에 있으며 그곳에서 2,3km 더 가면 우리나라와 이어진 바다가 있다.

미야마와 한민족의 인연은 1598년 임진왜란 때 사쓰마 번주 시마쓰 요시히로(島津義弘) 장수가 우리나라에 왔다가 도공과 기와제조공, 양봉기술자와 의학자, 자수(刺繡) 및 목화재배 기술자 등 80여 명을 끌고 갔는데 그중 40여 명만 살아남아 구시키노시마다히라(串木野島平) 해안에 도착하였다. 그들은 이곳에서 살다가 1603년 사쓰마 번주의 특별 배려로 현재의 미야마로 이사하여 도요(陶窯)를 운영한 것이 일본에서도 유명한 사쓰마야키(薩摩燒) 발상지가 된 것이다.

도공 중에서도 유명한 심수관은 지금 15대를 이어오면서 한국인의 이름과 기술을 떨치고 있다.

1 심수관요 진입도로 표지 2 심수관요 입구 문패와 정문 3 수장고 밖에 전시된 독항아리
4 심수관 역대작품 보관 수장고 5,6 비탈지게 만든 도자기 굽는 가마와 화구(火口)
7 건물 2층 15대 심수관 갤러리 8 갤러리 작품 전시장(판매도 한다)

지란특공평화회관(知覽特攻平和會館)

★ 가고시마현 미나미규슈시(南九州市) 지란쵸군(知覽町郡)

☆ JR규슈 가고시마중앙역에서 이부스키 마쿠라자키센(指宿枕埼線)으로 환승
   히라가와(平川)역에서 버스를 타고 특공관음(特功觀音) 입구 하차

지란특공평화회관은 제2차 세계대전 말기에 자폭 특공작전이란 이름으로 10대 소년들을 모집하여 단기간 내 비행조종 훈련을 시킨 후 비행기에 폭탄을 싣고 출격하도록 한 곳이다. 비행조종사들은 비행기와 함께 일기일함(一機一艦) 육탄 돌격을 하도록 하여 돌아오지 못하고 반드시 죽어야 하는 필사(必死)의 비행기지였다. 이 자리에 특공비행 자폭전사자들의 사진과 유품 등을 전시하여 후세에 항구적인 평화를 이루도록 기원한다는 뜻에서 주민들이 회관을 건설하였다고 한다.

당시 출격하여 산화한 특공대원은 1,036명. 그 가운데 우리나라 사람도 11명이 있다.

회관 밖 넓은 공간에 특공대들이 남겨놓은 유서를 돌로 새긴 비석이 전시되어 있는데, 우리나라 특공대원이 간절하게 고국을 그리며 남겨놓은 아리랑 유서비도 있다. 'アリランの歌聲とほく母の國に念ひ殘して散りし花花', 즉 '아리랑 노랫소리 아득한 고국에 정을 남겨두고 떨어져 가는 꽃들이여'라는 뜻이다.

1 지란특공평화회관 전시실 내부 2 특공대 전사자들의 유서 3 우리 동포 특공대의 아리랑 유서비
4 출격 전날 마지막 회식 후의 특공대원 모습 5 마지막 회식장소였던 도미야 식당

히키(比木) 신사

★ 미야자키현 고유군(兒湯郡) 기죠쵸(木城町) 시이노기(椎木)
☆ JR닛포혼센(日豊本線) 다카나베(高鍋)역 하차

　히키 신사는 미카도(神門) 신사에 모셔진 백제 정가왕(禎嘉王)의 아들 복지왕(福智王)을 모신 곳이다. 복지왕은 규슈 해안에 표착하여 다카나베(高鍋) 지역에 정착한 후 이 지역 주민들의 존경 대상인 히키다이묘진(比木大明神)이란 신으로 추앙받았다. 복지왕은 시기노(鴫野, 현 다카나베쵸)에 모친을 모신 오도시(大年) 신사와 부친 정가왕을 모신 미카도 신사에서 매년 음력 섣달 미카도신코(神門神幸)라는 행사를 열었는데, 지금도 그의 사람됨이 지역 주민들 마음속에 전해져 오고 있다.

　주민들은 백제 왕족들의 영혼이 뿔뿔이 흩어져 있음을 안타깝게 여겨 기죠쵸(木城町) 히키 신사에서 다카나베쵸(高鍋町) 오도시 신사를 거쳐 미카도 신사까지 90km 떨어져 있는 거리를 옛날에는 9박10일, 최근에는 2박3일(자동차를 이용하여 일정이 단축) 동안 시와스마츠리(師走祭り)라는 이름으로 천 년을 이어오고 있다.

　미카도신코(神門神幸)란 히키 신사의 복지왕 위패를 18명의 신관들이 모시고 부친 정가왕을 모신 미카도 신사까지 미미쓰(美美津), 휴우가(日向), 도고(東鄉)를 경유해 찾아가 보는 백제 문화의 색채가 짙은 행사다.

1, 2 히키 신사 입구와 본전 앞 배전 3, 4 시와스마츠리 행사 행렬도

미카도(神門) 신사

★ 미야자키현 히가시우스키군(東臼杵郡) 미사토쵸(美郷町) 난코미카도(南郷神門)

☆ JR닛포혼센(日豊本線) 휴가시(日向市)역에서 미야코(宮交) 미카도(神門)행 버스로 1시간 10분 소요

미카도 신사는 구다라노야카다(百濟の館)에서 20km 정도 떨어진 곳에 있다. 이 신사는 718년에 창건된 것으로 주제신(主祭神)은 백제국 백지왕(伯智王) 정가제(禎嘉帝)를 모시고 있다. 백제 왕족 정가왕은 7세기경 백제가 망한 후 일본 나라(奈良)에 건너와 살다가 동란(動亂)으로 아들 복지왕과 함께 일본 규슈로 가는 도중 풍랑을 만나 휴우가(日向) 해안에 표착하여 아버지 정가왕은 미카도 지역에서 정착하고 아들 복지왕은 지금의 기죠쵸(木城町)에서 살았다.

오래된 미카도 신사는 많은 수수께끼와 낭만을 간직하고 있으며, 천 년을 넘게 오랜 세월을 이어온 백제왕 비보는 문화재로서의 가치가 높을 뿐만 아니라 큰항아리 토기와 당화육화경(唐花六花鏡) 같은 동경(銅鏡), 그리고 천장 아래서 찾아낸 창날 1,006개 등의 수장품은 예부터 이어져 온 이 지역 전설과 함께 우리나라 백제와 깊은 인연의 산물이라고 할 수 있다.

미카도 신사에서 천 년 이상 보관해 오던 수장품들은 인근에 있는 니시노쇼소인(西の正倉院)에 전시되고 있으며, 이곳에는 부여(扶餘) 낙화암 위에 있는 백화정(百花亭)을 본딴 정자도 세워져 있다.

1, 2 미카도 신사 입구와 배전 3, 4 미카도 신사 본전과 요가구라(夜神樂)
5 미카도 신사 중요문화재 지정 비석

미사토쵸(美鄕町) 구다라노야카다(百濟の館)

★ 미야자키현 히가시우스키군 미사토쵸 난코미카도
☆ JR닛포혼센 휴가시역에서 미야코 미카도행 버스로 1시간 10분 소요
　구다라노야카다마에(百濟の館前) 하차

　미사토쵸의 옛이름은 난코무라(南鄕村)이며, 1300년 전 백제가 망한 뒤
왕족 일부가 이곳으로 와 정착하였다.

　이 지역은 백제 후예들이 끈질기게 한민족의 긍지를 지키며 살던 곳으
로 최근에 관계 기관과 협력하여 기와와 주춧돌을 한국에서 들여오고 기
둥과 천장은 우리나라 기술자들이 직접 가서 한국 특유의 단청으로 꾸민
구다라노야카다(百濟の館)라는 건물을 지었다.

　이 건물에 백제시대의 국보와 주요 문화재들을 복제하여 전시해 놓았으
며 백제 역사를 소개하는 자료관으로 이용되고 있다. 또 우리나라 민예품
도 판매하고 있고, 구다라노야카다(百濟の館) 앞에서 가끔 우리나라 민속
무용도 보여 준다.

1 구다라노야카다 정면 출입문　2 우리나라 양식의 담장　3, 4 구다라노야카다 내부 전시장
5 부여 백화정(百花亭)을 재현해 놓은 정자　6 언덕 위에서 바라본 한옥 지붕

미사토쵸 니시노쇼소인(西の正倉院)

★ 미야자키현 히가시우스키군 미사토쵸 난코미카도
☆ JR닛포혼센 휴가시역에서 미야코 미카도행 버스로 1시간 10분 소요,
　구다라노야카다마에 하차

　니시노쇼소인에는 백제 왕족의 유품과 시와스마츠리(師走祭り) 관련 물품을 비롯하여 오랫동안 미카도(神門) 신사에서 보관해 오던 것들을 전시해 놓았다.

　건물은 각재(角材)와 삼각재(三角材)를 짜서 올리는 아제쓰쿠리(校倉造)식 건물로 일본 나라(奈良) 쇼소인(正倉院)과 똑같은 형식이나 나라의 쇼소인에는 계단이 없다.

　여기에 거울 17개가 보관되어 있는데 모두 고분 등에서 출토된 것이 아니어서 보관상태가 아주 좋다. 이밖에 토기(土器)와 스에키(須惠器)는 곡물 등을 보관하였던 그릇으로 최근 감정 결과 백제 토기로 판명되었으며, 미카도 신사 사찰 천장에서 발견된 창칼 1,006개도 전시되어 있다.

1 니시노쇼소인 전경 2 니시노쇼소인 전시실 3 창끝 모(矛, 사찰 천장에서 발견되었다.)
4 백제 토기 대형 항아리 5 니시노쇼소인 소장 당화육화경
6 말의 목에 달았던 방울(미야자키현 미사토쵸 공식사이트 홈페이지)

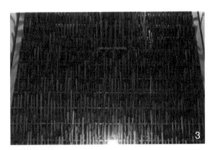

기쿠치죠(鞠智城)

★ 구마모토현 야마카시(山鹿市) 기쿠카마치(鞠鹿町)
☆ 구마모토 공항에서 차로 약 40분

　기쿠치죠는 663년 백제를 지원하기 위해 출병했다가 연합군에 대패하여 철수한 뒤 만든 11개 조선식 산성의 하나다. 이 산성은 일본인과 함께 쫓겨온 백제의 축성 기술자 달솔(達率, 백제의 관직명) 도혼슌소(答本春初,《일본서기》에 기록된 백제 사람)에게 성을 쌓도록 하여 만든 것으로 규슈의 각 성에 식량과 무기 등을 공급하기 위한 병참기지로 축조되었다.

　1967년 발굴 조사 기록에 의하면 우리나라 성터에서도 발굴된 것과 비슷한 팔각형 고루(鼓樓) 터와 미창(米倉) 등 72동의 건물 터, 그리고 저수지 등 당시 모습을 짐작해 볼 수 있는 귀중한 유구(遺構)가 끊임없이 발굴되었다.

　특히 최근에는 백제 귀족들이 지니고 있었던 것으로 추정되는 청동제 보살 입상이 나와 일본을 놀라게 했다. 이 보살 입상은 구마모토현립미술박물관 본관 1층에 전람회장을 두고 특별 기간 동안 일반인들에게도 공개하고 있다.

　불상이 출토된 저수지 터 넓이는 5,300m², 용도는 저목장(貯木場)용으로 추정되며 이 연못에서 불상과 함께 목간(木簡), 건축부자재와 그것을 가공하는 목제(木製) 농경구 등 귀중한 유물들이 많이 나왔다.

1 기쿠치죠 공원 전경 2 구마모토현립장식고분관 전시장 내부 3, 4 복원된 고루(鼓樓)와 미창(米倉)

5, 6 백제 청동제 보살 입상(2008년 저수지에서 출토)과 출토된 불상을 복원해 놓은 모습

7 불상이 출토된 저수지 터

다카도리야키(高取燒)

★ 후쿠오카현 아사쿠라군(朝倉郡) 고이시와라무라(小石原村)
☆ JR규슈히다히코산센(九州日田彦山線) 히코야마(彦山)역에서 차로 10분

　다카도리야키는 후쿠오카현을 대표하는 도기(陶器)로 노오가타시(直方市)와 후쿠오카시(福岡市) 사와라구(早良區) 등에서 임진왜란 이후 지금까지 한민족이 도예기술의 맥을 잇고 있다. 다카도리야키의 도조(陶祖)는 하치산(八山, 다카도리하치조오시게사다[高取八藏重貞])이라는 우리나라 사람이다. 하치산도 임진왜란 때 끌려온 도공으로 1606년 지쿠젠(筑前)의 번주 구로다 나가마사(黑田長政)의 명에 의해 현 후쿠오카현 노오가타시 동쪽 다카도리야마(鷹取山) 산록에 있는 에이만지(永滿寺) 다쿠마 가마(宅間窯)에서 개도(開陶)한 것이 다카도리야키의 시초다.

　다카도리야키는 주로 다도구(茶道具)를 만드는 가마로 지쿠젠구로다번(筑前黑田藩)의 어용가마(御用窯)로 알려졌다. 그는 말년에 이츠카(飯塚)의 시라하타야마(白旗山)로 옮겨 가마를 만들고 가전 비법 전승에 전념하다가 1654년 이곳에서 세상을 떠났다. 하치산이 다카도리(高取)라는 일본 성이 된 것은 구로다 나가마사가 고려와 인연을 두고 지어 주었으며, 그는 지금도 한국식 봉분 무덤에 잠들어 있다.

1 다쿠마 가마 옛터　2 하치산이 일본으로 올 때 가져왔다는 조선 항아리
3 다카도리야키 하치상 부부 봉분묘　4 다카도리야키 종가집　5 다카도리야키 노보리 가마
6 초대 하치산 초상화　7 다카도리야키 종가 역대 기록

아가노야키(上野燒)

★ 후쿠오카현 다가와군(田川郡) 후쿠치쵸(福智町), 가와라마치(香春町), 오토마치(大任町)
☆ 하카다(博多)역 교통센터에서 노오가타(直方)행 버스로 약 1시간, 고쿠라(小倉)역
   교통센터에서 노오가타행 버스로 약 40분

아가노야키는 후쿠오카현 다가와군(田川郡) 후쿠지쵸(福智町), 가와라마치(香春町), 오토마치(大任町)에서 만드는 도기를 말한다. 아가노야키의 도조(陶祖)는 임진왜란 때 가토 기요마사(加藤清正)가 데려간 도공 중 김존해(金尊楷)라는 사람이다. 그는 다른 도공들과 함께 규슈 가라쓰(唐津)에서 살다가 고쿠라(小倉) 번주 호소가와 다다오키(細川忠興)의 부름을 받고 부젠(豊前)국 아가노(上野)로 가서 도요를 만들어 1602년 처음 생산한 것이 아가노야키의 시초다.

김존해는 이곳 지명을 따서 아가노기조다카쿠니(上野喜藏高國)라는 일본식 이름으로 개명한 후 고쿠라 번주가 좋아하는 아가노야키를 생산하던 중 호소가와 다다오키(細川忠興)가 고쿠라번에서 히고노쿠니(肥後國)로 전봉(轉封)됨에 따라 그도 이들과 같이 히고노쿠니 야쓰시로군(八代郡) 고다(高田)로 옮겨가 살았다. 그 후 도공 생활 30여 년에 다다오키(忠興)가 사망하자 도공 생활을 청산하고 불문에 입문하여 소세이(宗清)라는 계명으로 신앙생활을 하다 1654년 89세에 생을 마쳤다. 지금도 우리나라 도공들의 후예들은 후쿠지(福智) 산기슭 20여 곳에서 도요의 가마에 계속 불을 지피고 있다.

1 후쿠지 산기슭 아가노야키 도요 집단지　2 노보리 가마(登り窯)　3 가와라 뎃산 가마(香春徹山窯)
4 도예관 전시장　5, 6 아가노야키 전시작품　7 아가노야키 도예관

도진마치(唐人町)

★ 후쿠오카현 후쿠오카시 주오구(中央區) 도진마치(唐人町)
☆ 후쿠오카 시영 지하철 하카다역에서 도진마치역까지 11분
  덴진(天神)역에서 도진마치역까지 4분

도진마치는 후쿠오카시 중심가 덴진(天神)에서 1.5km 서쪽에 위치한 상가지역이다. 1600년대 말 편찬된 일본 고서(古書)《축전국속풍토기(筑前國續風土記)》에 있는 도진마치 관련 기록을 보면 "처음에는 고려 사람이 살았다(其始高麗人住せり)"고 했고, "도진마치의 시조는 한반도 사람 이송환(李末歡)이다"라는 기록도 있다.

이송환은 길주(吉州) 태생으로 1587년 고향에서 뱃놀이를 하다 돌풍을 만나 표류하던 중 일본 어선에 구조되어 규슈까지 왔다고 한다. 문(文)과 무(武)를 겸비한 그는 히젠노쿠니(肥前國) 나베시마번(鍋島藩) 가신들의 눈에 들어 번주에게 추천되었는데 가와자기 세이조오(川埼淸藏)라는 성(姓)을 주고 대우해 주었다. 그 후 1592년 임진왜란 때 우리나라로 출정하게 된 나베시마(鍋島)는 그를 나베시마번의 작전본부에 두고 통역과 조선 지리에 밝은 지식을 최대한 이용하여 큰 공을 세우게 하였다.

그는 임진왜란이 끝난 후 조국을 배신한 자책감 때문에 고향에 가지 못하고 다시 일본으로 돌아갔는데, 그 공로로 1599년 일본으로 돌아올 때 같이 끌고 온 조선 사람들과 함께 살도록 한 이곳을 도진(唐人, 이국인을 말함)들의 주거지라고 하여 도진마치라는 이름을 붙여 주었다고 한다.

1, 2 도진마치 상점가 입구와 시장
풍경 3 도진마치 현지 영문간판
4 도진마치 상점가 입구 원경

한국인징용자위령비

★ 후쿠오카현 다가와시(田川市) 오아자이다(大字伊田) 다가와시 석탄기념공원 내
☆ JR헤이세이지쿠호철도(平成筑豊鐵道) 다가와이다(田川伊田)역에서 도보로 8분

규슈 후쿠오카현 북쪽 중앙에 있는 지쿠호(筑豊) 탄전은 265여 개의 석탄 광산이 있었던 곳으로 태평양전쟁이 끝나기 직전까지 우리나라 동포 15만여 명이 강제연행되어 갔다.

끌려온 우리 동포들은 많은 석탄을 파내도록 수량을 할당받아 강제노동에 시달렸으며, 열악한 환경에서 영양결핍과 질병, 린치, 석탄 갱내의 가스폭발, 낙반(落盤), 출수(出水, 지하수가 터져 나오는 것), 갱내 화재 등 여러 사고가 이어져 지금도 무너진 굴 속에 파묻혀 있는가 하면, 굴 밖으로 나와 죽었다 하여도 공동묘지에 흔적도 없이 묻혔던 유골들이 최근 골프장 등 토지개발에 따라 다량으로 노출되어 현지 종교단체와 우리나라 동포들의 손으로 위령비를 세우고 고국에 돌아가지 못한 원혼을 달래주고 있다.

이 위령비는 우리나라 민단 다가와(田川)지부와 한국인징용자위령비건립위원회에 의해 1988년 4월에 세워진 것이다.

1 한국인징용자위령비 입구 안내판 2 한국인징용자 위령비 3 징용위령비와 비문 아래 꽃병 및 향로석
4 석탄기념공원 내 미쓰이광업소 입갱탑

조선인탄광순직자비 적광(寂光)

★ 후쿠오카현 다가와시 가와미야(川宮)
☆ JR히다히코야마센(日田彦山線) 다가와고도지(田川後藤寺)행을 타고
　다가와고도지역에서 도보로 약 22분

　후쿠오카현 다가와시 가와미야 호코지(法光寺) 경내에 조선인탄광순직자비, 적광 위령비가 있다. 이곳에 이 비석이 세워진 사연은, 1970년대 이 사찰 일대 땅이 가라앉아 복구공사를 준비하던 중 호코지 주지가 절간 마루 아래에서 감귤상자에 담긴 유골들을 발견하여 확인한 결과, 유골을 싼 헝겊에 김(金)씨, 양(梁)씨라는 한국인의 성씨가 쓰여 있었다.

　이는 호코지 맞은편 옛 스즈키(鈴木) 탄광 조선인 노동자들의 유골임을 감지하고 조총련 사람과 호코지 관계자 및 교직원조합 사람들이 협력하여 순난비(殉難碑) 적광(寂光)을 세웠다. 지금도 일 년에 한 번 우리 동포들이 이곳에 모여 공양을 들이고 있다.

　적광(寂光)이란 불경의 적광정토(寂光淨土)에서 나온 말로, 보살이 사는 깨끗한 나라를 뜻한다고 한다.

1, 2 호코지 산문과 전경　3 순난비 적광 전경　4, 5 순난비 적광 측면

아카이케(赤池) 탄광순직자진혼비

★ 후쿠오카현 다가와군 후쿠지마치(福智町) 아카이케(赤池)
☆ JR헤이세이지쿠호철도(平成筑豊鐵道) 아카이케역에서 차로 5분

　메이지 광업(明治鑛業) 아카이케 탄광은 1899년에 창업하여 1970년에 폐산(閉山)하였다. 이 메이지 광업의 70년간의 사고기록에 의하면 희생자 수가 모두 520명에 이른다고 한다. 그 가운데는 여자 갱부가 30여 명이나 되고 우리나라 갱부도 29명이 포함되어 있다.

　이 메이지 광업의 아카이케, 히라야마(平山), 다카다(高田), 메이지(明治) 등 4개의 탄광 기록을 보면 우리 동포는 9,215명이 끌려왔으나 50% 상당인 4,772명이 도주하였고, 그 가운데 586명은 다시 붙잡혀 돌아왔다고 한다.

　묘비 위의 뾰족한 모양은 좋은 석탄을 고루고 남은 폐석탄이 산을 이루고 있음을 상징한다. 이 비는 아카이케 탄광에 종사하였던 이 지역 사람들이 1990년에 재건위원회를 조직한 후 많은 노력 끝에 1994년 1월 착공하여 세운 진혼비다.

1 진혼비와 비문　2 아카이케 광업소 옛터　3 진혼비 전경
4 한국인 노동자 모습(석탄역사자료관 자료)　5 옛 탄광도시 (석탄역사자료관 자료)

닛데쓰후다세(日鐵二瀨) 광업소
다카오(高雄) 제2갱 적지(蹟地) 위령비 구에잇쇼비(俱會一處碑)

★ 후쿠오카현 이즈카시(飯塚市) 이키스(伊岐須)
☆ 이즈카(飯塚) 버스터미널에서 니시데츠(西鐵) 버스 세기손센터(せき損センター) 하차

 일본제철(日本製鐵)은 지쿠호 탄전 후타세(二瀨) 광업소 주오갱(中央坑)과 다카오갱(高雄坑) 및 이나쓰기갱(稻築坑)에서 석탄을 파냈다. 이곳에 끌려온 우리나라 사람은 모두 5천여 명으로, 후타세 광업소 주오갱의 자료에는 545명의 명단이 남아 있다. 1942년 전북과 충남에서, 1943년에는 충북과 전북, 1944년에는 황해와 경기에서 끌려온 사람들의 이름과 주소가 기록되어 있다.

 이즈카시 이키스에 있는 사이코인(西光院) 안라쿠지(安樂寺)의 과거장(過去帳)에도 우리나라 광부 명단은 있으나 주소는 쓰여 있지 않고 반도보국대원(半島報國隊員), 이갱반도합숙(二坑半島合宿)이라고만 기재되어 주소 확인이 불가능하다. 현재 다카오 제2갱 자리는 주택단지로 개발하여 광산촌의 흔적은 찾아볼 수 없고, 이 주택단지에 '俱會一處'라고 쓴 초라한 비석 하나가 세워져 있다.

 이곳은 무연고자 공동묘지였는데, 이곳에 묘비를 세우게 된 사연은 1969년 이곳을 택지로 개발하기 위하여 땅을 정리하던 중 사람의 뼈가 너무 많이 나와 현장 관리인이 작업을 일시 중지시키고 유골을 수집하도록

다카오 주택단지 앞 탄광 유구

한 뒤 공사 관리인(栗原利男와 明星菊一) 두 사람이 개인적으로 경비를 부담
하여 이 위령비를 세웠다고 한다.

  묘비 기단 뒤에는 납골 보관 공간이 있으나 유골들이 깨진 항아리에 담
겨 있거나 나무상자 또는 비닐봉지에, 그렇지 않으면 땅바닥에 방치되어
있어 보기에도 민망할 따름이다. 묘비 뒷면에는 '共立鑛業 栗原利男, 明
星菊一 建立'이라고 위 공사 관리인 두 사람의 이름이 새겨져 있다.

  '구회일처'란 아미타경에서 나온 말로 "모든 중생이 마침내 극락정토
에서 함께 만남을 이룬다"는 뜻이다.

1 후다세 광업소 본부 정문 터 2 '구회일처' 비석 3 다카오 주택단지 내 묘비 진입로

1 비석 뒤 공간에 방치되어 있는 유골들   2 옛날 석탄도시 풍경(석탄역사자료관 자료)
3 후다세 광업 주오갱 생산 버력산(석탄역사자료관 자료)

쇼강보다이(松岩菩提)

★ 후쿠오카현 구라테군(鞍手郡) 고타케마치(小竹町) 니이다(新多) 골프장 경내
☆ JR지쿠호혼센(筑豊本線) 고타케(小竹)역에서 니시데쓰(西鐵) 버스로
　니이다사카에마치(新多榮町)에서 도보로 3분

　쇼강보다이 공양탑(供養塔)은 후쿠오카현 구라테군 고타케마치 니이다 골프장 경내 뒤쪽 한구석에 세워져 있다. 여기는 원래 고가와 광업(古河鑛業)의 토지로 탄갱(炭坑)에서 희생된 우리 동포들의 공동묘지였던 곳인데, 1991년 고가와 광업이 골프장 개발회사에 땅을 팔아 건설 공사가 진행됨에 따라 결국 묘지도 파헤치게 되었다.

　이때 234명분의 유골이 나와 엔조지(円照寺) 납골당에 우선 봉안한 뒤 공양탑을 만들자는 운동이 일어나면서 즉시 공사를 착수하여 1994년 3월 준공되었고, 이 공양탑이 준공된 후 엔조지 납골당에 봉안되었던 231명분의 유골을 인수하여 쇼강보다이 공양탑 안에 봉안하였다.

　그 후 일본뿐만이 아니라 한국에서도 많은 사람들이 찾아와 공양을 하고 있으며, 동시에 전쟁이란 잘못을 두 번 다시 반복하지 않도록 하는 학습장이 되고 있다.

1 쇼강보다이 공양탑 전경　2 쇼강보다이 공양탑 비문　3 유골을 봉안하였던 엔조지(円照寺)
4 경내에 전시된 쇼강(松岩) 실물

무궁화당(無窮花堂)

★ 후쿠오카현 이즈카시(飯塚市) 쇼시(庄司) 이즈카레이엔(飯塚靈園) 내
☆ JR규슈 버스로 가사기바시(笠置橋)에서 도보로 5분,
　 JR신이즈카(新飯塚)역에서 약 6km

　후쿠오카현 이즈카시 쇼시의 이즈카레이엔 안에 있는 이 납골당은 제2차 세계대전 중 우리 동포들이 강제 징용되어 후쿠오카 지방의 탄광이나 공장에서 일하다가 사망한 영혼들을 위로하기 위해 세운 것이다. 이즈카시가 관리하고 있는 이즈카레이엔은 아침 9시부터 오후 5시까지만 출입이 가능하다.

　정문에서 안으로 한참 들어가면 국제교류광장이라는 표석이 눈에 들어온다. 단순하게 우리 동포 위령비 명목으로는 이곳에 세울 수 없으므로 국제교류광장이라는 이름을 붙임으로써 이곳에 우리 동포들의 영혼의 안식처인 납골당 무궁화당(無窮花堂)을 세울 수 있게 되었다.

　무궁화당 건물 앞 양쪽에는 해태 석상(石像)이 들어서 있고, 뒤쪽 담 벽에는 징집 출두명령서와 징용을 가기 위하여 모인 우리 동포의 모습, 탄광에서 일하는 모습 등을 담은 패널 16장이 붙어 있다. 또 우리 동포 광부들이 노동쟁의 때 살포한 입갱 중지 호소 삐라와 조선인 노동자 실태를 전한 신문기사도 붙어 있으며, 그 옆에는 한일 양국 언어로 쓰인 추도문비도 세워져 있다.

1 이즈카레이엔 입구 2 무궁화당 원경 3 무궁화당 정면 4 위패와 유골 봉안실 출입문
5 담벽에 붙여 놓은 패널과 설명문 6 한일 양국 언어로 쓴 추도문비

표민옥(漂民屋)

★ 나가사키현 쓰시마시 이즈하라마치(嚴原町)
☆ 쓰시마 이즈하라(嚴原)항에서 도보로 5분

　표민(漂民)이란 바다를 항해하다 태풍 등을 만나 표류하던 배에서 구조된 사람들을 말한다. 이들을 위해 세운 표민옥은 1706년에 건립되었다고 한다. 기록에 의하면 에도 시대 약 200년 동안 조선에서 표류하여 일본 땅에 상륙한 사람은 3,400여 명이나 된다고 하며, 반대로 일본에서 떠내려와 우리나라에 표착한 사람은 1,000명 정도라고 하는데, 이는 살아서 구조된 사람이고 죽어서 고국으로 돌아가지 못한 사람을 합치면 헤아릴 수 없을 정도다.

　임진왜란 이후 한국과 일본은 교역이 단절되어 쓰시마(對馬)는 생명선의 위협까지도 받을 정도였고, 우리나라도 교역은 단절되었지만 같은 동포의 표류민만은 받아들이도록 하였다. 이때 일본 막부가 시달한 우리나라 표류민에 대한 취급 지침으로 표착지에서 직접 송환하지 않고 모두 나가사키(長崎)를 거쳐 쓰시마번(對馬藩)에 신병을 인도하도록 한 후 이곳에서 며칠 머물게 했다. 그리고 쓰시마 사자(使者)의 호송으로 부산 왜관(倭館)으로 보냈다. 당시 단절되었던 우리나라와 일본 간의 교역 부활을 위해 표류민 송환이 얼마나 중요한 역할을 하였던가를 짐작할 수 있게 한다. 이 표민옥은 지금 볼 수 없지만 그 터가 남아 있다.

日朝善隣友好を
側面的に支えた 漂民屋跡

「漂民屋」は、日本の沿岸に漂
着した朝鮮人漂流民を丁寧に介
抱し、宿泊させ本国へ無事に送
還するための拠点施設であった。
この漂流民送還は、国交が断絶
していた時代にも変わることなく、
親朝鮮政策として人道的立場から
継続され、停滞を復活させる要因
ともなった朝鮮通信使が、国
家的レベルの華やかな交流であった
のに対し、漂流民政策は、それを
側面的に支えながら日常的に行わ
れた交流であり、江戸時代の善隣
友好の基盤を育んだ施設であった
といえる。

厳原町教育委員会

1 표민옥 터(삼면에 물이 있는 앞쪽 빈터) 2 표민옥 터 설명문 간판

조선통신사 객관 유적

★ 나가사키현 쓰시마시 이즈하라마치
☆ 쓰시마 이즈하라항에서 도보로 5분

조선통신사 객관은 쓰시마 고쿠분지(國分寺)에 있던 것이다. 조선통신사는 부산을 출발한 후 쓰시마 북부의 사스나(佐須奈)에 도착하여 쓰시마번(對馬藩)의 안내로 다시 배를 타고 이즈하라(嚴原)로 이동했다.

쓰시마에 도착한 조선통신사는 이즈하라 고쿠분지(國分寺)에서 국서(國書) 전달 행사를 마친 뒤 다시 바닷길로 세토(瀨戶) 내해를 거쳐 오사카(大阪)까지 간 다음에 육로를 이용하게 된다.

이와 같이 조선통신사들의 출입이 빈번하여짐에 따라 고쿠분지에서는 국빈 출입문을 만들어 이들을 맞이하였다. 조선통신사 객관은 메이지 시대 화재로 소실되었고 그 터만 남아 있지만 출입문은 현재까지도 남아 있어 볼 수 있다.

1 고쿠분지(國分寺) 본당 2 고쿠분지 산문
3 고쿠분지가 조선통신사 객관 터였음을 알리는 표지석 4 조선통신사비

세이산지(西山寺)

★ 나가사키현 쓰시마시 이즈하라마치
☆ 쓰시마시 이즈하라항에서 도보로 10분

  세이산지는 한국과 일본의 우호역사를 창조한 외교업무를 수행하였던 사찰이다. 일본은 에도 시대 때 엄격하게 쇄국정책을 실시하였지만 중국과 네덜란드, 한국, 류큐(琉球)와는 경제적 이익을 얻기 위하여 적극적으로 교류를 권장하였다. 특히 한국과는 친밀한 외교관계를 맺어 부산에 일본 해외 출장소인 왜관(倭館)을 설치하고 임진왜란 이후에는 12차례에 걸쳐 외교사절단을 보내기도 했다.

  대조선 외교기관으로 한국행 도항증(渡航證) 발행 등 외교업무를 히요시(日吉) 이데이앙(以酊庵)에서 취급했으나, 1732년 이데이앙이 불타 없어짐에 따라 외교업무를 세이산지로 옮겨 230년간 수행하였다.

  이데이앙의 승려 게이데츠 겐소(景轍玄蘇)는 대한(對韓) 외교 승려로 한국과 일본이 임진왜란으로 외교가 단절된 상태에서 국교를 회복시켰다는 공로로 일본 조정에서 선승(禪僧)으로 추대하고 자의(紫衣)와 교토 난젠지(南禪寺) 주지직을 주었으며, 쓰시마 번주 소(宗)에게는 땅을 주어 절을 짓도록 한 후 절 이름을 이데이앙(以酊庵)이라고 하였다. 지금도 세이산지 본당에는 겐소(玄蘇)의 목상(木像)이 있다.

1 세이산지 입구　2 세이산지 본존 고려불　3 세이산지 전경　4, 5 한반도에서 건너간 동조여래좌상(銅造如來坐像)과 동조보살좌상(銅造菩薩坐像)　6 겐소(玄蘇)의 목상(木像)

조선 공주의 무덤(朝鮮國王姬の墓)

★ 나가사키현 쓰시마시 가미아가다마치(上縣町)
☆ 쓰시마 공항에서 버스로 우나쓰라(女連)까지 이동

　조선 공주의 무덤은 쓰시마시 우나쓰라(女連)와 구하라(久原)를 잇는 사나데(佐奈豊) 터널에서 50m쯤 떨어진 산골짜기에 있다. 여기에 묻힌 공주는 조선 제14대 임금 선조의 딸로 임진왜란 때 쓰시마 출신 일본 장수에게 붙잡혀 와 이곳에서 세상을 떠날 때 고국이 보이는 곳에 묻어 달라는 애틋한 유언에 따라 여기에 묻히게 되었다고 한다.

　사나데 터널을 지나면 바로 공원이 있는데 공원 안쪽 운동장 옆길로 조금 올라가면 묘비 위치가 보인다. 묘석은 오중탑으로 되어 있고 정면의 기록에는 이용오히메(李昤王姬), 측면에는 '게이쵸(慶長) 18년(서기 1613년)'이라고 새겨져 있었으나 지금은 풍화로 인해 확인이 불가능한 상태다.

　국도 382호선을 따라 30~40분 달리면 니타(仁田)라는 마을이 있고 니타에서 왼쪽 아래로 멀지 않은 서쪽 바닷가에 우나쓰라(女連)라는 마을이 있다. 마을 이름은 한자 지명에서 알 수 있듯이 '여자가 끌려온 곳'이라는 의미다. 구체적으로는 조선의 공주가 끌려왔던 곳을 나타낸다. 한국의 슬픈 역사가 쓰시마의 지명으로 남아 있는 곳이다.

1,2 조선 공주의 묘역과 묘석　3 묘비 건립에 대한 설명비　4 조선 공주 묘역 표지판

사가엔쓰지(佐賀円通寺)

★ 나가사키현 쓰시마시 미네마치(峰町)
☆ 쓰시마 이즈하라항에서 버스 이용

사가엔쓰지는 쓰시마 최북단 사가(佐賀)와 이즈하라(嚴原) 중간 지점에 있다. 15세기 중기 사가(佐賀)는 왜구의 본거지로 쓰시마를 지배하던 소(宗)씨의 활동무대였다.

우리나라는 왜구들의 행패에 대한 대책으로 1419년 세종대왕 때 쓰시마를 공격한 일이 있었다. 사가엔쓰지에는 쓰시마소(對馬宗)의 묘가 있고 우리나라 고려 불상과 조선 범종(梵鐘)도 보관되어 있다. 종을 매다는 고리 부분은 용(龍) 두 마리가 여의주를 물고 있는 형상이고, 종신(鐘身) 위쪽에 모란당초문양과 아래에는 사천왕 입상 및 팔괘를 새겨 넣은 것으로 우리나라 조선 초기의 범종으로 추정된다.

15세기에 제작된 것으로 추정되는 우리나라 범종

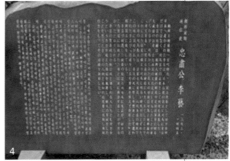

1 사가엔쓰지 입구 계단 2 엔쓰지 전경 3, 4 엔쓰지 앞 조선통신사 李藝의 비와 공적 설명 석비

최익현순국비(崔益鉉殉國碑)

★ 나가사키현 쓰시마시 이즈하라마치
☆ 이즈하라항에서 도보 7분, 쓰시마 공항에서 버스로 이즈하라 정류장까지 30분

　최익현 선생 순국비는 그가 사망하여 초상(初喪)을 치른 후 시체를 안치하였던 슈젠지(修善寺) 묘역에 세워져 있다.

　선생은 1906년 6월 전라북도 태인(泰仁)에서 의병항쟁을 일으켜 일본 관헌에게 붙잡힌 후 감금 3년형을 선고받고 쓰시마 경비대로 보내졌다. 그는 감금을 당하면서 일본군 대장에게 경례도 거부할 뿐만 아니라 그들이 주는 음식도 거절하여 결국 단식투쟁 끝에 감금된 지 반년 만인 1907년 1월 1일 74세를 일기로 세상을 떠났다.

　선생이 사망하자 슈젠지에 시체를 안치한 후 이즈하라항에서 배를 이용하여 겨울 바다를 건너 고국으로 돌아왔다. 이즈하라항에서 한밤중에 출발할 때 해변에서 등불을 밝혀 주고 배웅해 준 사람도 있었다고 한다. 우리나라에서는 1962년 대한민국 건국훈장을 추서(追敍)하였다.

1 슈젠지 입구 산문　**2** 최익현 선생 생전의 호송 모습　**3, 4** 최익현 선생 순국비와 안내문

이왕가(李王家)와 소백작가(宗伯爵家) 결혼기념비

★ 나가사키현 쓰시마시 이즈하라마치
☆ 이즈하라항에서 도보로 15분, 쓰시마 공항에서 버스로 이즈하라 정류장까지 30분

이 결혼기념비는 우리나라 고종 황제의 딸 덕혜옹주와 쓰시마 번주의 후예 소 다케유키(宗武志)와의 결혼을 기념하기 위하여 쓰시마에 사는 우리 동포들이 1931년 결혼한 해에 세운 것이다.

당초 세워졌던 기념비는 태평양전쟁이 끝나면서 도로확장공사로 방치되어 있었는데, 2001년 쓰시마와 한국 양측으로부터 한일 교린(交隣) 촉진의 목소리가 높아지면서 '기념비복원실행위원회'를 설립하고 가네이시 죠데이엔(金石城庭園) 가까이에 기념비를 복원해 놓았다.

소 다케유키와 정략 결혼해 딸 소 마사에를 낳았으나 덕혜옹주는 조울증과 우울장애 증세가 악화되어 도립정신병원에 입원한 적이 있으며, 1955년 합의이혼하였다. 1962년 영친왕의 부인 이방자 여사의 도움으로 37년 만에 귀국한 덕혜옹주는 창덕궁 낙선재에서 이방자 여사와 함께 지내다 1989년 4월 21일 뇌졸중으로 사망하였다.

1 덕혜옹주결혼기념비 2 덕혜옹주 3 덕혜옹주 결혼사진
4 이왕조종가결혼봉축기념비 안내판 5 양장을 입은 덕혜옹주

반쇼인(万松院)

★ 나가사키현 쓰시마시 이즈하라마치
☆ 이즈하라항에서 도보 1분, 쓰시마 공항에서 버스로 이즈하라 정류장까지 30분

　반쇼인은 임진왜란 때 우리나라에 출정하였던 초대 쓰시마 번주 소 요시도시(宗義智) 집안의 조상을 모신 절이다. 쓰시마 번주는 우리나라 통신사와 역관사(譯官使)들을 맞이하는 주역으로 그의 역할이 우리나라에 많은 영향을 끼쳤다.

　그는 임진왜란 이전 일본 천하를 통일한 도요토미 히데요시(豊臣秀吉)로부터 조선을 복속시키라는 명령을 받았으나 실현 불가능한 일임을 깨닫고, 우리나라 조정에 일본 전국을 통일한 도요토미 히데요시에게 축하사절을 보내 달라고 간청하여 1590년 축하사절로 도일(渡日)한 사절을 복속사절(服屬使節)이라고 속여 알리는 등 여러 가지 불미스러운 일이 많았다. 그 뒤 임진왜란 때는 고니시 유키나가(小西行長)의 일번대(一番隊)로 우리나라에 와서 왜군 최선봉에 나서기도 했다.

　도요토미 히데요시가 죽은 다음 도쿠가와 막부로부터 악화된 조선과의 국교 수복을 신속하게 하도록 명을 받고 1609년에 평화조약을 성립시킨 공로로 막부에서 독립된 기관이 되어 조선과 무역하도록 허락을 받았다. 이 반쇼인에는 조선 국왕이 보낸 삼구족(三具足, 불보살에 바치는 향로와 화병, 촉대)이 동(銅)으로 만든 받침대와 함께 놓여 있다.

1, 2 반쇼인 산문과 본전

3 조선 국왕이 보낸 선물 삼구족

4 묘지로 올라가는 132개 돌계단

5 경내 수령 1200년 된 삼나무

사고(佐護)의 박제상순국비(朴堤上殉國碑)

★ 나가사키현 쓰시마시 가미아가다쵸(上縣町)

☆ 쓰시마시 가미쓰시마쵸(上對馬町) 히다가쓰코(比田勝港)에서 이즈하라행으로 30분,
   사고에서 하차

쓰시마 북단 항구도시 사고(佐護)의 바다가 바라보이는 사오자기(棹埼)
공원 가까이에 신라 사람 박제상 순국비가 있다.

신라는 백제 세력을 견제할 필요에 의해 402년(실성왕 1) 내물왕의 셋째
아들 미사흔(未斯欣)을 왜에, 412년에는 내물왕의 둘째아들 복호(卜好)를
고구려에 파견해 군사 원조를 요청하였다. 그러나 왜와 고구려는 두 왕자
를 인질로 감금하고 정치적으로 이용하고 있었다. 내물왕의 큰아들 눌지
왕은 즉위 후 두 동생을 구출하기 위해 군신을 불러 협의하였는데, 그때
박제상이 천거되었다.

그는 418년 왕명을 받들어 먼저 고구려에 가서 복호를 구출해 내고, 이
어서 미사흔을 탈출시키는 데 성공했으나, 자신은 붙잡혀 왜 왕 앞에 끌
려갔다. 왜 왕은 그를 신하로 삼기 위해 온갖 감언이설과 협박으로 회유
했으나, 끝까지 충절을 지키다가 유형에 처해져 불에 태워지는 참형을 받
아 죽었다. 이를 현창(顯彰)하기 위하여 박제상이 고국을 바라다볼 수 있는
장소에 우리나라 사람들이 '新羅國使 朴堤上公 殉國之碑'를 세워 놓은
것이다.

1 신라 충신 박제상 순국비 2 사오자기 공원(일본 최북서 끝 표지물)
3 사오자기 공원에서 바라본 일몰. 49.5km 떨어진 부산이 보인다고 한다.

와니우라(鰐浦) 한국전망대

★ 나가사키현 쓰시마시 가미쓰시마마치
☆ 쓰시마시 가미쓰시마마치 히다가츠항에서 시영버스 이용, 쓰시마 공항에서도 시영버스

　와니우라 한국전망대는 와니우라 한국전망소공원(韓國展望所公園) 안에 우리나라 파고다공원 다목적시설을 모방하여 지은 공원 시설이다. 이 공원 안에는 조선국역관사조난추도비(朝鮮國譯官使遭難追悼碑)도 있는데, 1703년 음력 2월 5일 우리나라 역관사(현 통역관) 108명이 쓰시마를 향하여 부산을 출발한 후 와니우라를 눈앞에 두고 기상 악화로 조난당하여 전원 사망했다.

　우리나라에서는 그동안 300년이 지나면서도 누가 조난당하였는지조차 모르고 있었는데, 사고의 역사적 배경이 선린우호를 바탕으로 한 국제교류였음을 인지하고 국경을 초월한 현지 관민의 뜻을 모아 1991년 3월 20일 이 비를 세웠다.

　우리나라에서는 뒤늦게 조난 기록을 대조하여 조난자 이름을 확인한 후 2006년 3월 추도비 곁에 부비(副碑)를 세우고 조난자들의 이름을 새겨 넣었다. 와니우라는 쓰시마 최북단에 위치한 곳으로 날씨가 좋은 날은 멀리 부산까지도 볼 수 있다고 한다.

1 와니우라 한국전망대 입구 2 와니우라 한국전망대 3 조선국역관사조난추도비
4 추가로 세워진 부비(副碑) 5 와니우라 항구 전경

쓰시마 사스나항(佐須奈港)

★ 나가사키현 쓰시마시 가미아가다쵸(上縣町)
☆ 쓰시마시 가미쓰시마쵸 히다가츠항에서 차로 15분, 쓰시마 공항에서 차로 1시간

사스나항은 쓰시마 북부 서쪽 대륙이 바라보이는 항구로 조선통신사가
일본으로 들어갈 때 최초로 들르는 항구다. 여름철에는 사스나항으로, 겨
울철에는 와니우라항으로 상륙하다가 와니우라항에는 암초가 심하여 나
중에는 사스나항만 이용하였다.

사스나항 가까이에 있는 센뵤마키야마(千俵蒔山)를 목표로 항해하면 부
산에서 직선 코스로 사스나항에 들어갈 수 있어 우리나라 통신사들은 이
항구를 쉽게 들러 이즈하라로 갔다.

이 사스나항에 조선통신사를 태우고 온 선박에게 식수를 공급하던 우물
과 초소(哨所) 유적이 아직도 남아 있다.

1 사스나항 항구 전경 2 조선통신사에게 제공된 우물과 안내문 3 센뵤마키야마 원경(遠景)

가네다죠(金田城)

★ 나가사키현 쓰시마시 미쓰시마마치(美津島町)
☆ 이즈하라항에서 차로 25분

조선식 산성이란 일본이 663년 백제의 부흥을 지원하기 위하여 군대를 파병하였다가 백마강 전투에서 나당연합군에게 대패한 후 당시 덴지(天智) 천황은 나당연합군이 일본까지 추격해 올 것을 두려워하여 일본으로 함께 건너온 백제 축성(築城) 기술자들의 지도 아래 성곽을 만들도록 하였다. 이렇게 우리나라 축성 기술자들에 의해 쌓은 성곽을 조선식 산성이라고 부른다.

이때 일본은 나당연합군의 추격에 대비해 서일본(西日本)을 비롯 세토내해 연안에 조선식 산성을 구축하도록 한 후 관동지방에서 사키모리(防人)라는 수비병을 징병하여 성을 지키도록 하였다.

가네다죠(金田城)는 한반도에서 제일 가까운 곳에 있는 성으로 천연의 절벽이 있고 산 정상을 중심으로 돌을 쌓아 성벽을 두른 것은 전형적인 조선식 산성 성곽이다. 지금도 성벽 일부와 성문 터 수문 등이 남아 있어 특별 사적지로 지정되어 있다.

1 가네다죠 입구 표지 2 가네다죠 특별사적지 표지석
3, 4 조선식 산성 성문 초석(礎石)과 성곽 수문 5, 6 조선식 산성 성곽 유적

호쿠단유바리(北炭夕張) 탄광

삿포로 니시혼간지 베츠인(札幌西本願寺別所)

홋카이도 지역은 일본 최북단에 위치해 있으며 도(道)의 중심 도시는 삿포로시(札幌市)다. 홋카이도라는 이름은 전통적으로 일본에서 사용된 오래된 행정구역인 오기칠도(五畿七道)를 따라 1869년에 홋카이도(북해도)라고 이름지었다. 일본에서는 혼슈 다음으로 두 번째 큰 섬이며 세계적으로는 21번째 큰 섬이다. 북동쪽에는 오호츠크해에 접해 있고 동쪽에는 태평양, 서쪽에는 동해가 있다. 본토 일본인들과 다른 아이누족이 거주하였으며, 그외에도 소수민족으로 오로크족, 느브흐족, 에벤크족, 오로치족이 있으며, 메이지 시대 이후 일본인들이 대거 이주하였다. 본래 아이누족이 살고 있던 미개지로 에조치(蝦夷地)라고 불렀으며, 메이지 유신 이후에 본격적인 개발이 시작되었다. 러시아 영토와 가장 가까운 지시마(千島) 열도 가운데 남쪽의 구나시리(國後)·에토로프(擇促)·시코탄(色丹)·하보마이(齒舞) 제도는 홋카이도 도청의 관할하에 있었으나, 제2차 세계대전 종전 후 러시아로 귀속되었다. 제2차 세계대전 중에는 탄광과 광산 개발을 위해 수십만 명의 한국인과 중국인을 강제징용하였다.

홋카이도(北海道) 지역

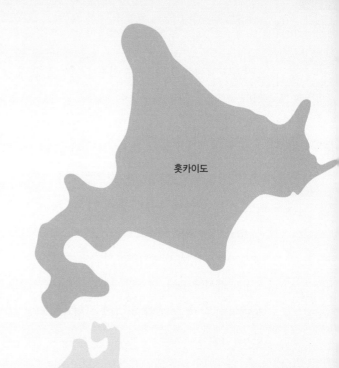

홋카이도

호쿠단유바리(北炭夕張) 탄광

★ 홋카이도 유바리시(夕張市)

☆ JR세키쇼센(石勝線), 유바리역에서 북쪽으로 약 3km, 도보로 5분

　제2차 세계대전 때 규슈 지쿠호(筑豊) 탄전과 홋카이도 이시카리(石狩) 탄전에 수많은 우리 동포들이 채탄노동자로 징집되어 왔다. 이시카리 탄전 내 유바리(夕張) 지역으로 끌려온 한국인은 호쿠단유바리(北炭夕張)에만 약 1만4천 명, 호쿠단헤이와(北炭平和)에는 약 5천 명, 그리고 미쓰비시오유바리(三菱大夕張)에 약 4천 명, 모두 2만 명이 넘는 것으로 보고 있다.

　이 지역 탄광에서 1930년대 전반까지 우리 동포 사망자 수는 그리 많지 않았지만 1938년 이후부터는 전쟁이 격화되면서 석탄 증산과 강제징용의 증가로 1913년부터 1945년 사이에 사망자수가 276명에 이르렀다.

　유바리시(夕張市) 정거장에서 가까운 스에히로(末廣) 묘지에는 광산에서 돌아가신 우리 동포의 위령비 신령지묘(神靈之墓)가 하나 있다. 이 묘비에는 유바리광 기숙사 조선인 유지 일동(夕張鑛寄宿舍朝鮮人有志一同)이라는 글씨와 1930년에 세워졌다는 기록, 비문(碑文) 발기인 이름만 있을 뿐 사망자의 이름은 없다.

1 호쿠단 수갱탑(竪坑塔)　2 덴류코(天龍坑) 입구　3 스에히로 우리 동포 묘비
4 유바리 석탄박물관 입구　5 광부들 입갱사진(박물관 자료)　6 갱에서 식사하는 광부들 모습(박물관 자료)　7 수갱탑 승강기 안의 광부들(박물관 자료)　8 숨진 광부를 밖으로 옮기고 있는 모습

삿포로 니시혼간지 베츠인(札幌西本願寺別所)

★ 삿포로시 쥬오구(中央區)
☆ 삿포로시 쥬오구 기타산쵸(北3條)

　삿포로 니시혼간지 베츠인은 원래 삿포로시 쥬오구 번화가인 환락거리 스스키노(薄野)에 있었는데 1962년 이곳으로 옮겨 왔다. 이 사찰과 우리 동포 유골을 맡긴 지자키구미(地崎組)는 홋카이도 전역을 대표하는 기업으로 이 사찰의 큰 후원자였다. 지자키구미는 호쿠단(北炭)이나 미쓰비시(三菱)와 같은 대기업의 하청업자로 성장하였지만 우리 동포나 중국인의 강제연행에는 주도적 역할을 하였고, 성과를 올리기 위하여 원청업체에 배정된 우리 동포들보다도 더 혹독한 강제노동을 시켰다. 강제노역에 시달려 도주하다 잡혀 오면 닭장과 같은 다코베야라는 구조물에 집어넣고 심한 고통을 받게 하여 영양실조 등으로 세상을 떠난 동포들의 수를 헤아릴 수도 없다.

　여기에 보관된 우리 동포의 유골과 중국인의 유골은 이 사찰이 이곳으로 이사할 때 지자키구미가 납골당의 일부를 사들여 자기들이 보관하고 있던 유골과 다른 업체가 보관하고 있던 유골 및 유품을 함께 단지에 넣어 이 납골당에 옮겨 놓았다고 한다. 그 과정에 많은 유골들이 유실되었을 것으로 짐작된다.

1 삿포로 니시혼간지 베츠인 전경 2 지하납골당 불단(아래 유골함 보관) 3 유골 단지 내부(종이 포장도 없이 보관되어 있다.) 4 혼간지 승려와 함께(왼쪽 필자, 오른쪽 교포 채홍철 씨)

참고자료

1. 관련기관 공식 홈페이지 관광정보 웹사이트와 홍보출판물
2. 관련 자료관 및 박물관 소장전시 자료, 도록
3. 기타 참고문헌

千葉縣廳 홈페이지

神奈川縣中郡大磯町 홈페이지

群馬縣 홈페이지, 觀光情報 웹사이트

群馬縣高崎市 홈페이지

長野市 홈페이지, 大室古墳館觀光情報 웹사이트

松本市文化財 홈페이지

滋賀縣 홈페이지, 觀光情報 웹사이트

京都觀光情報 웹사이트

大阪觀光案内觀光情報 웹사이트

大阪府南河内郡太子町 홈페이지

大阪府羽曳野市 홈페이지

藤井寺市 홈페이지

枚方市 홈페이지

鳥取市 홈페이지

鹿兒島縣觀光情報 웹사이트

宮埼縣木城町 홈페이지

宮埼縣美鄕町 홈페이지

福岡縣おすすめ觀光情報 웹사이트

鹿兒島市觀光情報 웹사이트

萩市 홈페이지

上關町 홈페이지

杜本神社羽曳野市 홈페이지

有田町 홈페이지

北海道觀光情報 웹사이트

埼群古墳館 觀光情報資料

千曲市森將軍塚古墳館 홈페이지 觀光情報資料

埼玉縣立さきたま史跡の博物館 觀光情報資料

東京國立博物館 觀光情報資料

奈良國立博物館 觀光情報資料

松本市立考古博物館 觀光情報資料

滋賀縣大津市歷史博物館 觀光情報資料

大阪府立近つ飛鳥博物館 觀光情報資料

九州國立博物館 [對馬觀光物産協會] 觀光情報資料

熊本縣立裝飾古墳館分館 觀光情報資料

高麗神社 홈페이지

信州善光寺 觀光情報資料

石上神宮觀光情報 웹사이트

清見寺 홈페이지

有田唐船大觀音 홈페이지

陶山神社 홈페이지

津市分部町唐人踊 觀光情報資料

岐阜縣各務原市須衛町歷史民俗資料館觀光情報 웹사이트

土岐市美濃陶磁歷史館觀光情報 웹사이트

たつの市立室津海驛館 [室津民俗館] 觀光情報資料

琴浦町觀光協會日韓友好資料館 · 物産館 觀光情報資料

上淀白鳳の丘展示館 觀光情報資料

有田町 홈페이지有田町歷史民俗資料館 觀光情報資料

福山市鞆の浦歷史民俗資料館 觀光情報資料

美山陶遊館 홈페이지 南薩 觀光情報資料

福岡縣觀光連盟 觀光情報資料

唐人町商店街 홈페이지

一般社團法人萩市觀光協會 홈페이지

長埼縣立對馬歷史民俗資料館 홈페이지

羽曳野市觀光協會 홈페이지

靑森縣觀光物産館 홈페이지

夕張石炭博物館 觀光情報資料

そらち炭鑛の記憶マネジメントセンター 觀光情報資料(岩見澤市)

美唄市鄕土史料館 觀光情報資料(美唄市)

星の降る里百年記念館 觀光情報資料(芦別市)

長野縣北安曇郡小谷村 觀光連盟 觀光情報資料

佐渡觀光協會 觀光情報資料

古都飛鳥保存財團のオフィシャル 웹사이트

滋賀縣狛坂磨崖佛 觀光情報資料

羽曳野市觀光協會 觀光情報資料

牛窓町觀光協會 觀光情報資料

公益社團法人 鳥取縣觀光連盟 觀光情報資料

宮崎縣神道靑年會 웹사이트

日本史資料室 觀光情報資料

高來神社案内板

狛江古墳案内板

飛鳥寺案内板

滋賀縣狛坂磨崖佛案内板

羽曳野市が立てた案内板

國分寺の山門 說明板

鎌倉寺刹소개 ‘鎌倉수첩’ 관광안내 出版物

稻淵・栢森集落の 觀光情報資料

日本神話・日本の歷史 웹사이트

對馬島ブログ島の細道路地裏散策 觀光情報資料

嚴原町國分の觀光施設・名所巡り 觀光情報資料

靑森今昔物語 觀光情報資料

だるまさんが轉んだ」 홈페이지(ジャングルネットサービスV(JNSV)는 2008년 6월 30일 서비스 종료됨)

參考文獻

日本城郭史(吉川弘文館) 2016년

對馬歷史觀光 (杉屋書店) 1994년

善光寺さん(信濃每日新聞社) 1999년

近江の古代を掘る(大津歷史博物館) 1995년

渡來した人人の足跡(大津歷史博物館) 2016년

信州善光寺案内(しなのき書房) 2009년

廣隆寺(株式會社　便利堂) 2003년

そらち炭鑛遺産散さんぽ步(北海道新聞空知「炭鑛」取材班) 2003년

朝鮮通信使と福山藩港・鞆の津(福山市鞆の浦歷史民俗資料館) 1990년